STARK
für Eltern

Deutsch

Nachschlagewerk für die Klassen 5 bis 10

Rechtschreibung
Aufsätze schreiben
Grammatik

Autorin:

Frau **Claudia Mutter** ist erfahrene Gymnasiallehrerin in Baden-Württemberg für die Fächer Französisch und Deutsch. Sie war jahrelang in der Aus- und Fortbildung von Lehrer*innen und in der Erwachsenenbildung tätig, hat für mehrere renommierte Verlage Schulbücher und Lernhilfen verfasst sowie Beiträge in anerkannten Fachzeitschriften veröffentlicht.

© 2022 Stark Verlag GmbH
www.stark-verlag.de

Inhaltsverzeichnis

Vorwort

Einträge von A bis Z

Inhaltsverzeichnis

Vorwort

Liebe Leserinnen und Leser,

mit *STARK für Eltern* wenden wir uns an alle, die in irgendeiner Form an der **Erziehung und Bildung von Kindern und Jugendlichen** interessiert oder beteiligt sind: Mütter und Väter, Großmütter und Großväter, Onkel und Tanten, Freunde und Bekannte, die **Kinder beim Lernen unterstützen** wollen.

Sie alle haben irgendwann einmal die Schule besucht – hier in Deutschland oder anderswo, viele Jahre oder nur kurze Zeit, mit Lust oder Frust, mit mehr oder weniger Erfolg. Was Sie in Ihrer Schule gelernt haben, ist Ihnen heute mehr oder weniger präsent. An manches werden Sie sich gut erinnern, vieles werden Sie vergessen haben, manches verdrängt. Vielleicht haben Sie auch von einigen Sachverhalten überhaupt nie etwas gehört. Die Welt ändert sich und mit ihr das Wissen sowie die Art und Weise, wie wir es ausdrücken und vermitteln.

Wie nah oder fern auch immer das **Schulwissen** für Sie liegt: Wir möchten es Ihnen wieder näherbringen und es lebendig machen. Profitieren sollen dabei in erster Linie Ihre Kinder. Wenn sie sich mit Fragen an Sie wenden, möchten wir Sie dabei unterstützen, angemessene Antworten zu finden. Sie sollen aber auch für sich selbst aus diesem Buch Gewinn ziehen: Machen Sie sich schlau, um mitreden zu können, entdecken Sie, wie vielfältig, spannnend und interessant das Fach Deutsch ist! Wenn Sie Feuer fangen und noch mehr erfahren wollen: In **Leseempfehlungen** und **Links zu Internetseiten** finden Sie Hinweise auf weiterführende Literatur.

STARK für Eltern: Deutsch ist wie ein Nachschlagewerk aufgebaut. In **alphabetischer Reihenfolge** werden Inhalte und Themen des Deutschunterrichts der Klassen 5 bis 10 abgehandelt. Am Anfang jedes Eintrags steht ein **„Was ist das?"**-Kasten, in dem knapp erklärt wird, worum es in diesem Kapitel geht und warum dieses Thema in der Schule behandelt wird. Anschließend werden die wesentlichen Aspekte des Themas anschaulich und **Schritt für Schritt** erklärt. Mithilfe von **Beispielen** werden die Erklärungen konkretisiert. In den **Randspalten** der Seiten finden Sie zusätzliche Informationen, wichtige Schlagworte oder einprägsame Regeln. **Tipp-Kästen und Eltern-Tipps** weisen auf besondere Schwierigkeiten hin und geben praxisnahe und spielerische Hinweise, wie man mit diesen umgehen kann. Am Ende des Eintrags wird das Wichtigste noch einmal **stichpunktartig zusammengefasst**.

In einigen Kapiteln sind **Lernvideos** enthalten, die bestimmte **Themen des Deutschunterrichts genauer erläutern und vertiefen** (z. B. Rechtschreibstrategien oder die Analyse von literarischen Texten). An den jeweiligen Stellen im Buch befindet sich ein **QR-Code**, den Sie mithilfe Ihres Smartphones oder Tablets scannen können. Im Hinblick auf eine eventuelle Begrenzung des Datenvolumens wird empfohlen, dass Sie sich beim Ansehen der Videos im WLAN befinden. Haben Sie keine Möglichkeit, den QR-Code zu scannen, finden Sie die Lernvideos auch unter:

https://www.pearson.de/qrcode/lernvideos_el4001v

Die Autorin und der Verlag wünschen Ihnen nicht nur gute Erkenntnisse, sondern auch viel Freude bei der Lektüre!

Claudia Mutter

Autorin: Claudia Mutter
Lernvideos: STARK Verlag

Adjektiv

Was ist das?

Das Adjektiv (Wie-Wort, Eigenschaftswort; Plural: die Adjektive) ist eine Wortart. Es drückt aus, **wie** etwas ist:
Dieses Tier ist gefährlich./Das ist ein gefährliches Tier.

Mit Adjektiven können wir also die **Eigenschaften** von etwas genauer beschreiben. Sie werden in der Regel **kleingeschrieben**.

Adjektiv-Typen: attributiv, prädikativ, adverbiell

Man unterscheidet verschiedene Arten der Verwendung des Adjektivs:

- **Attributive Verwendung:** Das Adjektiv steht vor dem Nomen und beschreibt es genauer.
  Die **laute** Musik stört die Nachbarn.

- **Prädikative Verwendung:** Das Adjektiv bezieht sich auf ein Nomen und steht nach den Verben *sein, werden* oder *bleiben.*
  Die Musik ist **laut**.

- **Adverbielle Verwendung:** Das Adjektiv bezieht sich auf ein Verb und bestimmt es näher.
  Die Musiker spielen heute **laut**.

Kasus, Numerus und Genus des Adjektivs

Attributive Adjektive, also Adjektive, die vor einem Nomen stehen, richten sich in Kasus (Fall), Numerus (Zahl) und Genus (grammatisches Geschlecht) nach dem Nomen. Sie werden **dekliniert**.
der **rote** Turm (Grundform: rot)
die Höhe des **alten** Hauses (Grundform: alt)
auf den **schlechten** Straßen (Grundform: schlecht)

Adjektive, die **prädikativ oder adverbiell** verwendet werden, bleiben in ihrer Form immer gleich. Sie sind also **unveränderbar** und werden **nicht dekliniert**.

In anderen Sprachen ist das übrigens oft anders. So bilden adverbiell gebrauchte Adjektive etwa im Englischen oder im Französischen eine eigene Form:

Der Bus fährt *langsam*.

The bus is *moving slow**ly***. (Adjektiv: *slow*)

Le bus roule *lent**ement***. (Adjektiv: *lent/lente*)

Steigerung des Adjektivs

Viele Adjektive können gesteigert werden. Man unterscheidet dabei die erste Steigerungsstufe (Vergleichsstufe bzw. Komparativ) und die zweite Steigerungsstufe (Höchststufe bzw. Superlativ).

*Manche Adjektive werden **unregelmäßig** **gesteigert**:*
gut – besser – am besten
hoch – höher – am höchsten

Positiv (Grundform)	Komparativ (1. Steigerungsstufe)	Superlativ (2. Steigerungsstufe)
Mein Haus ist **groß**.	Dein Haus ist **größer**.	Unser Haus ist **am größten**.
das **große** Haus	das **größere** Haus	das **größte** Haus

Nicht steigern kann man Adjektive, die ...
- etwas Endgültiges ausdrücken.
  falsch, leer, schwanger, quadratisch

- zusammengesetzt sind.
  blutjung, lauwarm, bettelarm

Mit den Vergleichswörtern **wie** und **als** kann man mithilfe von Adjektiven **Vergleiche** ziehen.

Positiv (Vergleich mit wie)	Komparativ (Vergleich mit als)
Mein Haus ist genauso **groß** **wie** deines. In Mathe bin ich so **gut** **wie** du.	Dein Haus ist **größer** **als** meines. In Deutsch bin ich **besser** **als** du.

Die Eintrittskarte ist *gratis!* Auch die Garderobe ist *kostenlos.* Sogar ein Glas Sekt ist *umsonst.*

Sind das nun Adjektive? Machen Sie einfach die „Quetschprobe":

Schieben Sie das vermeintliche Adjektiv zwischen Artikel und Nomen:

eine **gratisse* Eintrittskarte

eine *kostenlose* Garderobe

ein **umsonstes* Glas Sekt

Wo die Quetschprobe funktioniert, handelt es sich um ein Adjektiv. In unserem Beispiel ist also *kostenlos* ein Adjektiv. *Gratis* und *umsonst* sind hingegen Adverbien.

Eltern-Tipp

Siehe auch: Nomen (S. 138 ff.)   Kasus (S. 140)
Numerus (S. 139)   Adverb (S. 4 ff.)

Adverb

Was ist das?

Das Adverb (Umstandswort; Plural: die Adverbien) ist der Allrounder unter den Wortarten. Adverbien bezeichnen **Art und Weise** (wie), **Ort** (wo), **Zeit** (wann) oder **Grund** (warum, wozu, weshalb) einer Handlung oder eines Geschehens. Sie gehören zu den unveränderlichen Wörtern, deren Form immer gleich bleibt. Das heißt: Männliche, weibliche oder sächliche Form, Singular und Plural, Kasusendungen für die vier Fälle – all das gibt es beim Adverb nicht.

Adverbien werden **kleingeschrieben**.

Beispiel

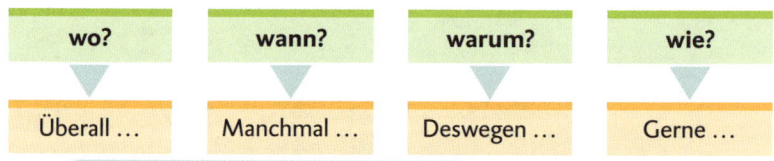

wo?	wann?	warum?	wie?
Überall …	Manchmal …	Deswegen …	Gerne …

… demonstrieren junge Menschen für den Klimaschutz.

Mit der **Weglassprobe** lässt sich die Leistung von Adverbien feststellen. Wenn Sie im Beispiel oben die Wörter vor dem Verb „demonstrieren" streichen, bleibt nur ein Restbestand an **Information** übrig. Der Satz gibt dann lediglich Auskunft darüber, dass demonstriert wird und **wer** es tut, nicht aber **wo, wann, warum** oder **wie** dies geschieht. Adverbien erfüllen also die Aufgabe, uns über die **Umstände des Geschehens** zu informieren.

Das Adverb kann in der Regel auch links vom Verb stehen, im sogenannten **Vorfeld** des Satzes (siehe Beispiel). So lässt es sich gut von
anderen „kleinen" Wörtern, wie z. B. Konjunktionen (denn, aber),
unterscheiden. Diese können nämlich nicht alleine im Vorfeld stehen.
Die folgenden Sätze sind deshalb ungrammatisch, d. h. falsch, was
durch das hochgestellte Sternchen signalisiert wird:

*Denn / *Aber demonstrieren junge Menschen für den Klimaschutz.

Arten von Adverbien

Man unterscheidet folgende Adverbien:

	Frage
Lokaladverbien (Ortsangabe): dort, überall, draußen, her, hin, weg, bergauf usw.	wo? wohin? woher?
Temporaladverbien (Zeitangabe): heute, jetzt, gerade, damals, einst, früher, übermorgen, bald, später, dann, oft, weiterhin usw.	wann? wie lange? wie oft? bis wann?
Kausaladverbien (Angabe des Grundes, der Bedingung, der Einräumung, der Folge und des Zwecks): daher, deswegen, nämlich, sonst, trotzdem, also, dazu usw.	warum? wieso? unter welcher Bedingung?
Modaladverbien (Angabe der Art und Weise sowie zur Einschränkung, Hervorhebung, Einschätzung): gerne, sehr, außerdem, hingegen, allerdings, sogar, vielleicht usw.	wie? wie sehr? wie viel?

Manche Adverbien übernehmen, ähnlich wie Konjunktionen,
die Aufgabe, Sätze inhaltlich miteinander zu verknüpfen. Sie heißen **Konjunktionaladverbien**.

Peter hatte einen Arzttermin. **Deshalb / Darum** konnte er bei der Demonstration nicht mitgehen.

Typische Endungen von Adverbien

Neben den einfachen Adverbien (so, da, hier usw.) und den zusammengesetzten Adverbien (hierher, dorthin, bisher usw.) gibt
es solche mit typischen Endungen:

Endung	Beispiel
-s	morgens, abends, sonntags, rechts, links
- ens	bestens, vergebens, erstens, zweitens
-weise	glücklicherweise, flaschenweise
-wärts	abwärts, aufwärts, vorwärts, heimwärts

➡ Siehe auch: Konjunktionen (S. 112 ff.),   Feldermodell (S. 70 ff.)

Bei kleinen Wörtern wie Adverbien muss man sehr genau hinschauen!

Adverbial

Was ist das?

Das **Adverbial** (Plural: die Adverbiale, auch Adverbialien oder adverbiale Bestimmungen) ist ein **Satzglied**, mit dem die näheren Umstände eines Geschehens oder einer Handlung angegeben werden. Adverbiale Bestimmungen können aus **einzelnen Wörtern** oder aus **Wortgruppen** bestehen. Mit *wann, wo, warum, weshalb* oder *wie* kann man sie erfragen.

Arten von Adverbialen

Adverbiale werden in vier Gruppen eingeteilt. Man unterscheidet sie nach der Art, wie man das Adverbial erfragt.

- **Adverbiale der Zeit** (Temporaladverbiale) erfragt man mit **wann / wie lange / seit wann?**

  Die erste Schulstunde beginnt um 7.50 Uhr.

  Heute schreiben wir einen Grammatiktest.

  Seit Monaten haben wir uns vorbereitet.

- **Adverbiale des Ortes** (Lokaladverbiale) erfragt man mit **wo / wohin?**

  Wir gehen ins Klassenzimmer.

  Dort erwartet uns die Lehrerin.

- **Adverbiale des Grundes** (Kausaladverbiale) erfragt man mit **warum / weshalb / wozu / zu welchem Zweck / unter welcher Bedingung / trotz welcher Umstände?**

  Aufgrund der guten Vorbereitung ist niemand aufgeregt.

  Aus organisatorischen Gründen findet der Test in der ersten Stunde statt.

  Trotz der frühen Stunde läuft alles glatt.

- **Adverbiale der Art und Weise** (Modaladverbiale) erfragt man mit **wie / auf welche Art und Weise?**

  Wir machen uns schnell an die Arbeit.

  Ohne Verzögerung beginnen wir mit dem Test.

Die Rolle von Adverbialen im Satz

Die meisten Sätze sind auch ohne Adverbial grammatisch vollständig und korrekt. Ihre Aussage kann jedoch durch Adverbiale präzisiert werden.

Beispiel

Sarah	isst	Äpfel.
Subjekt	Prädikat	Akkusativobjekt

⇒ Vollständiger Satz ohne Adverbial.

Sarah isst {gerade} in aller Ruhe einen Apfel.
Adverbial der Zeit   Adverbial der Art und Weise
wann?   wie?

⇒ Durch Adverbiale präzisierter Satz.

❯ Die folgenden Beispielsätze zeigen, in welcher Form **das Satzglied Adverbial** auftreten kann. Verschiedene Wortarten spielen dabei eine Rolle.

Adverbial (=Satzglied)			
Sarah isst	gerne, selten, oft, nie, heute, sonntags	Äpfel.	Adverb
	schnell, hungrig, gierig, genüsslich		Adjektiv
	im Herbst, im Bett, während der Pause, zum Frühstück		Nomen mit Präposition
	des Abends / den ganzen Winter		Nomen im Genitiv / Akkusativ

Wortarten

Aktiv und Passiv (Genus Verbi)

Was ist das?

Verben bringen „action" in den Satz. Aktiv (Tätigkeitsform) und Passiv (Leideform) geben dabei die Handlungsrichtung an: Verwendet man eine **Aktivform des Verbs**, wird betont, **wer** etwas tut (Handlungsträger). Bei der **Passivform** wird hingegen der **Vorgang** bzw. ein **Zustand** in den Vordergrund gerückt. Der Handelnde tritt dann in den Hintergrund oder wird nicht genannt.

Beispiel

Aktiv

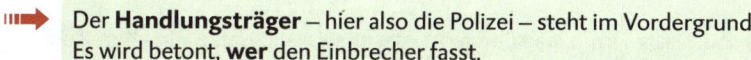

Die Polizei **fasst** den Einbrecher.

➠ Der **Handlungsträger** – hier also die Polizei – steht im Vordergrund. Es wird betont, **wer** den Einbrecher fasst.

Vorgangspassiv

Der Einbrecher **wird** (von der Polizei) schnell **gefasst**.

➠ Der **Vorgang** steht im Vordergrund. Wer den Einbrecher fasst, ist hier sekundär. Der Handelnde tritt also in den Hintergrund. Er kann auch ganz verschwiegen werden.

Zustandspassiv

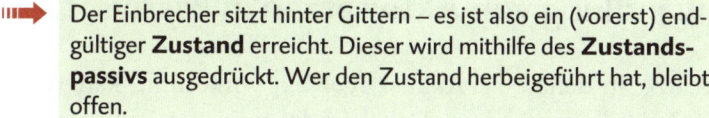

Der Einbrecher **ist** endlich **gefasst**.

➠ Der Einbrecher sitzt hinter Gittern – es ist also ein (vorerst) endgültiger **Zustand** erreicht. Dieser wird mithilfe des **Zustandspassivs** ausgedrückt. Wer den Zustand herbeigeführt hat, bleibt offen.

Mit Passivsätzen kann man also ausdrücken, dass man entweder keine Informationen über die handelnden Personen hat oder keine Informationen geben will.

Die Bildung des Passivs

Vorgangspassiv und Zustandspassiv werden unterschiedlich gebildet:

Vorgangspassiv

Das **Vorgangspassiv** wird mit der konjugierten Form des **Hilfsverbs** *werden* und dem **Partizip II** des **Vollverbs** gebildet:

Der Einbrecher **wird gefasst**.

Form von werden + Partizip II

Zustandspassiv

Das **Zustandspassiv** wird mit der konjugierten Form des **Hilfsverbs** *sein* und dem **Partizip II** des **Vollverbs** gebildet

Der Einbrecher **ist gefasst**.

Form von sein + Partizip II

> ❯ Passivsätze kann man übrigens – genau wie Aktivsätze – in **allen Zeitformen** (Tempora) bilden.
> **Präsens:** *Der Tresor* **wird aufgebrochen.**
> **Präteritum:** *Der Tresor* **wurde aufgebrochen.**
> **Perfekt:** *Der Tresor* **ist aufgebrochen worden.**
> **Plusquamperfekt:** *Der Tresor* **war aufgebrochen worden.**
> **Futur I:** *Der Tresor* **wird aufgebrochen werden.**
> **Futur II:** *Der Tresor* **wird aufgebrochen worden sein.**

Umwandlung von Aktivsätzen in Passivsätze

Aktivsätze, in denen ein Akkusativobjekt vorkommt, kann man in Passivsätze umwandeln. Dabei findet eine Art Rollentausch statt: Das **Akkusativobjekt des Aktivsatzes** wird zum **Subjekt des Passivsatzes**. Das Subjekt des Aktivsatzes fällt weg oder wird mit *von* angeschlossen. Der Rollentausch lässt sich gut an einem Beispiel veranschaulichen:

	Subjekt	Akkusativobjekt
Aktivsatz:	Die Polizei fasst	den Einbrecher.

Passivsatz:	Der Einbrecher wird **von** der Polizei gefasst.
	Subjekt Ergänzung mit *von*

 Die Umwandlung von **Aktiv- in Passivsätze** ist eine beliebte Hausauf-
gabe. Gehen Sie schrittweise vor, wenn Sie mit Ihrem Kind üben:

Beispielsatz: *Der Einbrecher stahl den Fernseher.*

1. Sie suchen gemeinsam das Akkusativobjekt im Aktivsatz. Stellen Sie
   dazu die Satzgliedfrage: Wen oder was stahl der Einbrecher?
   → *den Fernseher*

2. Sie machen das Akkusativobjekt zum Subjekt des Passivsatzes. Dazu
   setzen Sie es in den Nominativ. Die Satzgliedfrage heißt hier: wer
   oder was?
   → *der Fernseher*

3. Sie bilden die Passivform des Verbs in der korrekten Zeitform. Im
   Aktivsatz steht das Verb im Präteritum, diese Zeitform gilt daher
   auch für den Passivsatz.
   → *wurde gestohlen*

4. Das Subjekt des Aktivsatzes kann als Ergänzung mit *von* hinter das
   konjugierte Hilfsverb gestellt werden.
   → *von dem Einbrecher*

Der umgewandelte Satz lautet also:

Der Fernseher wurde (von dem Einbrecher) gestohlen.

Eltern-Tipp

Sätze ohne Akkusativobjekt

Es gibt im Deutschen eine ganze Reihe von Verben, die kein Akkusativobjekt anschließen können (z. B. *fliegen, laufen, sterben, arbeiten, helfen*). Einige dieser Verben können kein Passiv bilden. Bei anderen ist eine Passivbildung mit dem **Subjekt** *es* möglich.

Aktivsatz: Die Polizei hat ermittelt.

Passivsatz: Es ist (von der Polizei) ermittelt worden.

Das Subjekt *es* kann entfallen, wenn ein anderer Satzteil an die erste Position rücken kann.

Aktivsatz: Die Polizei hat eine Woche lang ermittelt.

Passivsatz: Eine Woche lang ist von der Polizei ermittelt worden.

> Texte mit vielen Passivformen wirken durch die häufig vorkommenden Formen von *werden* schnell eintönig. Es bietet sich daher an, einige der **Passivformen zu ersetzen**, z. B. durch Formulierungen mit den Indefinitpronomen *jemand* und *man* oder durch das Verb *lassen*.
> **Passiv:** *Die Tür wurde aufgebrochen.*
> **Ersatzformen:**
> *Jemand hat die Tür aufgebrochen.*
> *Man hat die Tür aufgebrochen.*
> *Die Tür ließ sich aufbrechen.*

➠ Siehe auch: Verb (S. 189 ff.) Satzglieder (S. 70 ff.)
Tempus (S. 185 ff.)

Argumentieren und Diskutieren

Was ist das?

Argumentieren und **Diskutieren** hängen eng zusammen. Wer an einem Gespräch zu einer strittigen Frage teilnimmt, der diskutiert; wer diskutiert, bringt Argumente für oder gegen etwas vor, er argumentiert. Dabei geht es darum, einen **eigenen Standpunkt** einzunehmen und ihn **sachlich zu begründen**. Durch **Gesprächsregeln** wird der faire Umgang miteinander angeleitet.

Diskutieren lernen

Das **mündliche Diskutieren** lernen und üben Ihre Kinder auch außerhalb der Schule in vielen Alltagssituationen: beim Aushandeln einer Taschengelderhöhung, bei der Auseinandersetzung über modische Vorlieben, beim Streit über den Sinn von Benimmregeln am Esstisch usw. In der Schule entfalten und entwickeln sie ihre **Diskussionsfähigkeit** systematisch weiter. Zu den angestrebten Kompetenzen gehören nicht nur eine angemessene Sprache, sondern auch der bedachte Einsatz **para- und nonverbaler Kommunikationsmittel**, also z. B. Stimme und Körpersprache. Auch die Fähigkeit, sich gegen unfaires Diskussionsverhalten zur Wehr zu setzen, muss gelernt werden. In diesem weiten Feld spielt der Deutschunterricht eine zentrale Rolle und leistet damit einen **Beitrag zur Demokratieerziehung**.

*Nach diesen Kriterien richtet sich auch die **Benotung mündlicher Leistungen** beim Diskutieren.*

Tipps für eine gelungene Diskussion:

Informiere dich gut über das Thema der Diskussion und eigne dir Fachwissen an.

Begründe deinen Standpunkt.

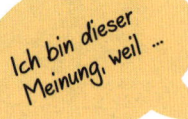

Ich bin dieser Meinung, weil ...

Höre aufmerksam zu und gehe auf deinen Gesprächspartner ein.

Wenn ich dich richtig verstanden habe, ist deine Sorge, dass ...

Verzichte auf Belehrungen. Stelle stattdessen lieber konkrete Fragen, um deinen Gesprächspartner dazu zu bringen, seinen Standpunkt zu überdenken.

Ist es dir denn selbst schon einmal passiert, dass ...

Übe sachliche Kritik und beziehe dich auf dein Fachwissen.

In dieser Sache bin ich anderer Meinung. Ich habe in einer Studie gelesen, dass ...

Versuche zu deeskalieren, wenn es nötig ist.

Ich verstehe, dass dich dieses Thema sehr bewegt ...

Halte dich an die Gesprächsregeln.

Formen des Diskutierens

Die folgenden **Formen des Diskutierens** begegnen Ihrem Kind in der Schule – in Deutsch und in vielen anderen Fächern, z. B. Fremdsprachen, Geschichte, Politik / Gemeinschaftskunde / Sozialkunde, aber auch in den Naturwissenschaften.

Begründete Stellungnahme

Die begründete Stellungnahme ist eigentlich nur eine halbierte Diskussion, denn sie ist **monologisch**. Der Diskutant begründet seine Position zu einer Frage oder zu einem Thema, z. B. vor der Klasse oder einer Lerngruppe. Dabei soll er auch mögliche **Gegenargumente berücksichtigen**. Geübt wird dabei nicht nur das mündliche Argumentieren, sondern auch der **Mut zu einer klaren Haltung**.

Bist du für die Nutzung von Smartphones im Klassenzimmer? Begründe deine Position.

Rundgespräch

Rundgespräche sind Diskussionen, in denen die Teilnehmenden eine **Antwort auf eine offen gestellte Frage** suchen. Es sollen Meinungen und Sichtweisen zu einem Thema ausgetauscht bzw. gemeinsam nach einer **Lösung** für ein Problem gesucht werden. In Rundgesprächen, z. B. in Form des Klassenrats, geht es oft weniger darum, sich mit der eigenen Position durchzusetzen. Ziel ist vielmehr, gemeinsam zu einem Konsens zu gelangen. Im Stuhlkreis funktioniert diese Form der Diskussion am besten.

Wo könnten wir am Wandertag hingehen? Lasst uns im Stuhlkreis Vorschläge sammeln und darüber diskutieren!

Streitgespräch

Das Streitgespräch ist die klassische Diskussion, in der **zwei gegensätzliche Standpunkte** aufeinandertreffen: pro und kontra. Streitgespräche sind nur dann ergiebig, wenn sich alle Teilnehmer vorab gründlich mit dem Thema auseinandergesetzt haben.

Fördert ein Ausflug in den Hochseilgarten die Klassengemeinschaft? Führt eine Pro- und Kontra-Diskussion zu dieser Frage durch!

Debatte

In der Politik finden Debatten in Parlamenten statt, z. B. im Bundestag, in den Landtagen, im Gemeinderat.

Debatten sind Diskussionen, die in eine Entscheidung über eine konkrete Maßnahme oder einen Vorschlag münden: Sollen wir … oder sollen wir nicht? Sie betreffen Angelegenheiten von allgemeinem Interesse (nicht private Angelegenheiten oder Geschmacksfragen). Auf der Grundlage von **Sachkenntnissen** und mithilfe von **Argumentationsstrategien** versuchen die Debattierenden, die jeweils gegnerische Gruppe zu überzeugen und eine **Entscheidung für den eigenen Vorschlag** herbeizuführen. Für den Ablauf von Debatten gibt es oft klare Regeln und Zeitvorgaben, z. B. beim Projekt „Jugend debattiert", an dem viele Schulen teilnehmen. Genauere Informationen finden Sie hier: **https://www.jugend-debattiert.de**

Brauchen wir eine Klarnamenpflicht im Internet? Führt eine Debatte über diese Frage durch.

Eltern-Tipp Auch debattieren will gelernt sein. Üben Sie es mit Ihren Kindern auf spielerische Weise ein, z. B.:

- **Meinungs-Ping-Pong:** Je zwei Familienmitglieder positionieren sich pro oder kontra zu einer Entscheidungsfrage, die gerade in der Familie diskutiert wird. Jede Gruppe bringt abwechselnd ein Argument vor: pro → kontra → pro → kontra.
  Ein Ball erleichtert den Sprecherwechsel, ein Wecker misst die Zeit, z. B. eine Minute pro Argument. Am Ende wird über das Ergebnis abgestimmt.
- **Unsinnsdebatten:** Führen Sie nach diesem Muster eine Debatte zu einer scherzhaften oder provokanten Frage durch, z. B. *Soll in Deutschland ein smartphonefreier Sonntag eingeführt werden?* oder *Sollen die Fernsehnachrichten in Zukunft gesungen werden?* Bei solchen Fragen lernt man das Debattieren, ohne sich die Köpfe über ernsten Fragen heißzureden.

Fish-Bowl-Diskussion

Die Fish-Bowl-Diskussion ist im Unterricht eine beliebte Methode. Im Klassenzimmer werden zwei konzentrische Stuhlkreise angeordnet: Innenkreis und Außenkreis. Im **Innenkreis** nehmen alle Schüler Platz, die eine Diskussion führen sollen. Im **Außenkreis** sitzen diejenigen, die zuhören. Ein frei bleibender Stuhl im Innenkreis kann von den Schülern aus dem Außenkreis nach Bedarf besetzt werden, damit auch sie sich mit kurzen Redebeiträgen an der Diskussion beteiligen können.

Für die Fish-Bowl-Methode eignen sich **alle Diskussionsthemen**. Die Aufteilung in Innenkreis und Außenkreis reduziert die Zahl der aktiven Diskutanten und macht die Diskussion übersichtlicher. Außerdem wird das Zuhören gezielt geübt.

Podiumsdiskussion

Die Podiumsdiskussion ist eine weitverbreitete Diskussionsform, die z. B. aus dem Fernsehen oder von öffentlichen Veranstaltungen bekannt ist. **Experten** sitzen auf einem Podium und diskutieren vor einem **Publikum**, ein **Diskussionsleiter** leitet die Diskussion. Für Podiumsdiskussionen in der Schule ist eine sorgfältige Vorbereitung nötig: Um die **Rolle von Experten** einzunehmen, müssen die Schülerinnen und Schüler sich vorab durch eine **gründliche Recherche** Sachkenntnisse aneignen.

Homeschooling – Alternative oder Ergänzung zum Präsenzunterricht? Bereitet eine Podiumsdiskussion mit Experten (Lehrer, Mütter, Väter, Kultusminister, Computerfachleute usw.) vor und führt sie durch.

 Achten Sie auch bei Diskussionen in der Familie auf die Einhaltung von **Gesprächsregeln:**
- Ich signalisiere, wenn ich etwas sagen will, und platze nicht einfach in das Gespräch hinein. (In der Schule: Ich melde mich.)
- Ich höre den anderen Gesprächspartnern aufmerksam zu.
- Ich falle den anderen nicht ins Wort.
- Niemand wird wegen seiner Äußerungen verspottet oder beleidigt.
- Ich bleibe beim Thema.
- Ich vermeide „Killerphrasen", z. B. *Du immer mit deinem …; Das geht uns gar nichts an;* usw.

Argumentieren – Erörterung

Was ist das?

Die Erörterung ist eine Art **schriftliches Streitgespräch**, das man mit sich selbst führt. Zu einer Problemfrage oder These müssen **Argumente** und (oft) **Gegenargumente** gefunden werden. Am Ende der Erörterung soll der Aufsatzschreiber seine **eigene Position darlegen** oder eine Entscheidung treffen.
Als Aufsatzform wird die Erörterung von der 7./8. Klasse an bis zur Abschlussprüfung bzw. zum Abitur eingeübt und abgeprüft.

Den Erörterungsaufsatz vorbereiten

Vor dem Schreiben muss man gründlich über Thema, These und Argumente nachdenken. Die Vorarbeiten erfolgen am besten schriftlich in zwei Schritten.

Schritt 1: Stoff- und Ideensammlung durchführen

- Was weiß ich zum Thema?
- Welche Begriffe fallen mir dazu ein?
- Für wen ist das Thema wichtig?
- Wie stehe ich zur (Problem-)Frage/zum Thema?
- Wie stehen andere dazu, z. B. Eltern, Lehrkräfte, Politiker, Geschäftsleute usw.?

*Geeignete Methoden für dieses Brainstorming sind **Ideensterne** (Cluster), **Mindmaps** oder **Tabellen** bzw. Listen, in die man Stichworte einträgt.*

Schritt 2: Gliederung des Aufsatzes entwerfen

- **A: Einleitung:** Hinführung zum Thema/zur These
- **B: Hauptteil:**
  - ▸ I. Argument
  - ▸ II. Argument
- **C: Schluss:** Persönliches Fazit, Ausblick

 Die **schriftliche Gliederung** muss bei Klassenarbeiten/Schulaufgaben oft zusammen mit dem Aufsatz abgegeben werden. Sie dient dem Schreibenden und dem Leser als **Orientierungshilfe**. Man baut sie wie ein Inhaltsverzeichnis auf.

Kompetenzen: Wissen und Können rund ums Erörtern

Was braucht man, um einen gelungenen Erörterungsaufsatz zu schreiben? Mit der folgenden Checkliste können Sie es überprüfen:

Mein Kind kann …

1. **Thesen** (Behauptungen, Werturteile, Forderungen) klar und prägnant formulieren	*Alle Schülerinnen und Schüler sollten an einem Schüleraustausch mit dem Ausland teilnehmen.*
2. **Argumente** zur These **formulieren:** Argumente bestehen aus drei Teilen: **Behauptung** **Begründung** **Beispiele und Belege**	*Im Ausland lernt man die Sprache besser als im Schulunterricht, denn man hört, liest und spricht sie die ganze Zeit. Ich persönlich habe z. B. mit meiner Austauschfamilie in Frankreich kein Wort Deutsch gesprochen …*
3. **Argumente gewichten und anordnen**, z. B. nach dem Prinzip der Steigerung (siehe „Die Erörterung – Formen und Varianten")	*Das wichtigste Argument für einen Schüleraustausch besteht jedoch darin, dass man Vorurteile abbaut, indem …*
4. **Gegenargumente** formulieren und entkräften	*Auch wenn manche einwenden, ein Schüleraustausch sei für viele Familien zu teuer …*
5. **Schlussfolgerungen** ziehen, Stellung nehmen	*Mein Plädoyer für den Schüleraustausch fällt also ganz eindeutig aus: Alle sollten daran teilnehmen können.*

> In alltäglichen Streitgesprächen lässt sich das Argumentieren gut üben. Fordern Sie Ihre Kinder auf, sich in **verschiedene Perspektiven** einzudenken und sich eine begründete Meinung zu bilden. Sorgen Sie auch für Input zum Thema, z. B. durch **Zeitungslektüre**. Wer viel weiß, findet die besseren Argumente!

Eltern-Tipp

Typen von Argumenten

Argumente kann man nach ihrem Geltungsanspruch einteilen:

- **Faktenargumente** beruhen auf überprüfbaren Tatsachen, z. B. wissenschaftlichen Erkenntnissen, Statistiken
- **Wertargumente** beruhen auf allgemein akzeptierten Normen und Werten, z. B. ethischen Grundsätzen, Gesetzen
- **Autoritätsargumente** beruhen auf Aussagen anerkannter Autoritäten, z. B. von Experten, Kirchenvertretern, Politikern
- **Analogieargumente** beruhen auf einem plausiblen Vergleich mit anderen Sachgebieten.

> Ob die vorgebrachten Argumente auch stichhaltig sind, lässt sich überprüfen, indem man sich die jeweilige **Gegenposition** ausmalt. So kann man z. B. hinterfragen, wie Statistiken zustande kommen, von wem bestimmte Wertmaßstäbe vertreten werden und auf welche Autoritäten sich die Gegenposition berufen könnte.

Eine Erörterung schreiben

Mit der Stoffsammlung und der Gliederung hat man eine gute Grundlage, um den Erörterungsaufsatz zu schreiben. Dabei muss der / die Schreibende die Argumente so entfalten, dass der Aufsatzleser dem Gedankengang folgen kann.

Argumente formulieren und verknüpfen

Folgende Wörter sind hilfreich, um These, Argument und Beispiel bzw. Beleg logisch zu verknüpfen:

weil, da, denn, …	⟹ um Gründe anzugeben bzw. eine Begründung anzuschließen
wenn, falls, sofern, …	⟹ um Bedingungen anzugeben
also, infolgedessen, deshalb, …	⟹ um Folgerungen aufzuzeigen
obwohl, obgleich, wenn auch, …	⟹ um Gegengründe einzuräumen
aber, jedoch, andererseits, hingegen, während, …	⟹ um Gegensätze auszudrücken

| damit, dass, auf dass, … | ➡ um eine Absicht, einen Zweck anzugeben |
| nachdem, bevor, bis, während, … | ➡ um zeitliche Verhältnisse zu klären |

Die Erörterung – Formen und Varianten

Die Komplexität der Aufsatzform Erörterung nimmt in der Schule von Klasse zu Klasse zu: von der einfachen (linearen) Erörterung über die dialektische (Pro-Kontra-)Erörterung bis zur Analyse und Erörterung eines Sachtextes. Manchmal muss der Aufsatzschreiber selbst erkennen, welche Form der Erörterung verlangt wird.

Die lineare Erörterung

Sie berücksichtigt nur eine Seite der Streitfrage. Typischerweise geht sie von einer **W-Frage** aus.

Was spricht für Schuluniformen? Warum soll die Schuluniform eingeführt werden?   *Beispiel*

Die lineare Erörterung ist meistens nach folgendem Schema aufgebaut:

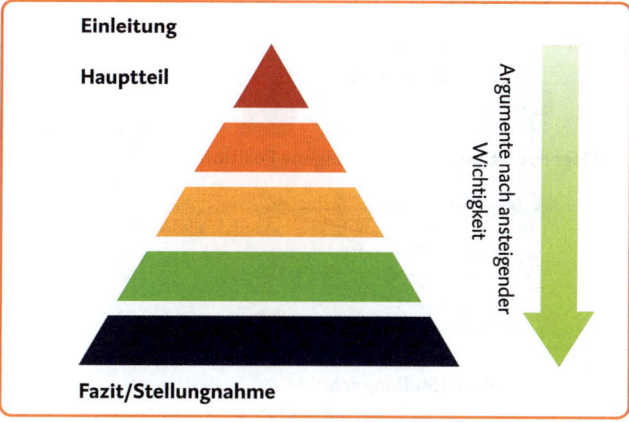

Die dialektische Erörterung

Sie berücksichtigt beide Seiten einer Streitfrage: pro und kontra (dafür und dagegen). Typischerweise wird sie als Entscheidungsfrage formuliert.

Beispiel   *Schuluniformen – ja oder nein? Sollen an deutschen Schulen Schuluniformen eingeführt werden?*

Für die dialektische Erörterung gibt es zwei **Aufbaumöglichkeiten:**

Das Sanduhr-Schema

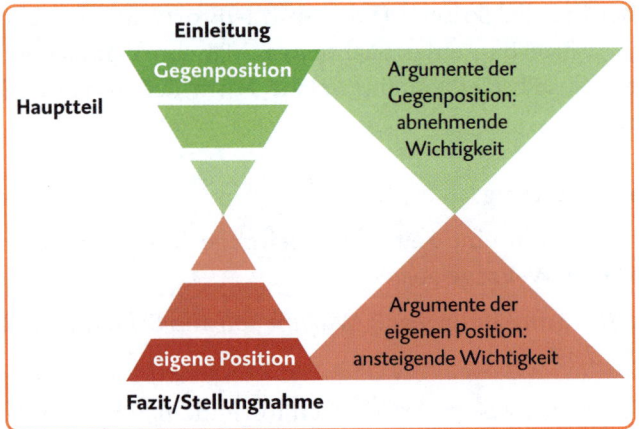

Das Ping-Pong-Schema

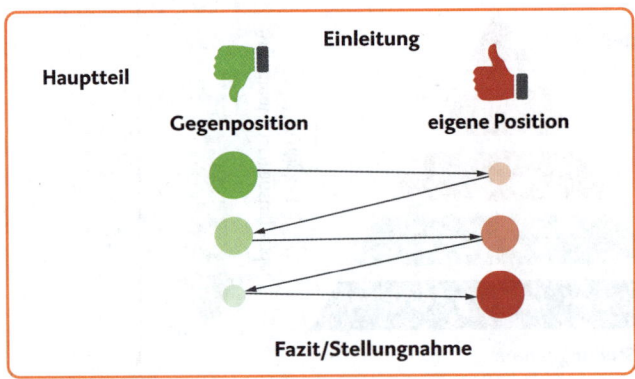

Textbeispiel

Ping-Pong-Schema

Vom Schüleraustausch mit England habe ich viele Eindrücke mitgenommen. Besonders eigenartig fand ich, dass alle Mädchen und Jungen während der Schulzeit eine Art Uniform tragen – very british! Dabei kann man durchaus fragen: Sollten auch an deutschen Schulen solche Schuluniformen eingeführt werden?

Einleitung
Hinführung zum Thema

Themenfrage

Schuluniformen sorgen dafür, dass alle gleich gekleidet sind, soziale Unterschiede sind so nicht mehr erkennbar. Dadurch nehmen Mobbing und Ausgrenzung ab, denn ob man sich teure Markenklamotten oder nur Billigware vom Discounter leisten kann, spielt dann keine Rolle mehr. Nach wie vor leiden viele Schüler*innen darunter, dass sie gehänselt oder ausgegrenzt werden. Wer in der Schule in den abgetragenen Jeans der älteren Geschwister auftaucht, hat es häufig schwer. Eine einheitliche Uniform für alle Schüler*innen würde dem entgegenwirken.

1. Pro-Argument
Behauptung

Begründung

Beispiel

Abrundung

In der Freizeit und am Wochenende werden die sozialen Unterschiede allerdings doch wieder sichtbar. […]

1. Kontra-Argument

Die Erörterung eines Sachtextes

Sie ist die **komplexeste Form der Erörterung** und wird erst in den letzten beiden Jahren der Sekundarstufe I eingeführt. Ein Sachtext zu einem strittigen Thema, meist ein Zeitungsartikel, muss zunächst analysiert werden, dann folgt eine **kritische Auseinandersetzung mit der Position des Autors** in Form einer Erörterung.

Die Themenstellung besteht in der Regel aus **zwei Arbeitsanweisungen**.

Beispiel

a) Stelle dar, was der Autor von der Einführung von Schuluniformen hält.
b) Setze dich kritisch mit seiner Position auseinander.

In Kürze

Für das Verfassen von Erörterungen gilt:

- Vorbereitung: Ideen sammeln und Stoffsammlung anlegen
- Schreibplanung: Gliederung in Stichpunkten verfassen (Einleitung, Hauptteil und Schluss); besonderes Augenmerk auf die Anordnung der Argumente richten
- Schreibprozess:
  - ▶ Einleitung: Interesse des Lesers wecken („Ohröffner")
  - ▶ Hauptteil: vollständige und überzeugende Argumente (Behauptung, Begründung, Beispiel) formulieren
  - ▶ Schluss: eigene Position in einer abschließenden Stellungnahme darstellen
- Überarbeitung und Korrektur: Aufsatz kritisch durchlesen, Fehler korrigieren

➡ **Siehe auch:** Konjunktion (S. 112 ff.), Satzbau (S. 174 ff.)

Artikel

Was ist das?

Die Artikel sind treue Begleiter des Nomens. Sie stehen immer vor einem Nomen. Es gibt zwei Varianten: den **bestimmten Artikel** (der, die, das; Plural: die) und den **unbestimmten Artikel** (ein, eine). Eine Pluralform des unbestimmten Artikels gibt es nicht.

Numerus, Kasus und Genus des Artikels

Artikel stimmen mit dem Nomen in Kasus (den vier Fällen) und Numerus (Singular, Plural) überein: Sie *kongruieren*. Der Genus des Artikels (männlich, weiblich, sächlich) wird vom Nomen bestimmt.

Beispiel

Nominativ, Singular, maskulin

Der Lehrling ist glücklich, eine Wohnung gefunden zu haben.

Genitiv, Singular, maskulin

Die neue Wohnung **des** Lehrlings ist sehr groß.

Dativ, Singular, maskulin

Der Schlüssel wurde **dem** Lehrling letzte Woche übergeben.

Im Unterschied zu anderen Sprachen, z. B. Englisch (the, a/an) und Französisch (le, la; un, une), gibt es im Deutschen drei verschiedene Artikel für die **drei Genera:**

- Maskulinum: **der, ein**
- Femininum: **die, eine**
- Neutrum: **das, ein**

Der Begriff Genus bezeichnet das grammatische Geschlecht des Nomens. Es muss nicht mit dem natürlichen Geschlecht übereinstimmen, z. B. *das Mädchen, das Bürschlein, das Baby*.

 Wenn die oben genannten Nomen durch ein Pronomen ersetzt werden, ist nicht das natürliche, sondern das **grammatische Geschlecht** ausschlaggebend:

Das Mädchen geht in die Schule. Dort folgt *es (nicht: sie) dem Unterricht aufmerksam.*

Bedeutung des Artikels

Eine Bedeutung im üblichen Sinn haben Artikel nicht (anders als z. B. ein Nomen). Artikel verweisen lediglich auf das nachfolgende Nomen und zeigen an, in welchem Kasus und Numerus es im Satz steht. Der Numerus des Artikels gibt Auskunft, ob das vom Nomen Bezeichnete einzeln (Singular) oder mehrfach (Plural) vorkommt.

Im Zoo wurde kürzlich ein Eisbär geboren. Viele Besucher wollen die Eisbären sehen.

Der bestimmte Artikel Singular wird auch benutzt, um auf die gesamte Tierart zu verweisen:

Der Eisbär ist eine bedrohte Tierart.

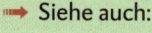 **Siehe auch:** Nomen (S. 138 ff.)

Attribut

Was ist das?

Attribute (Beifügungen) sind Teile eines Satzglieds. Ihr **Bezugswort** ist meistens ein **Nomen**. Sie beantworten die Frage: *Was für ein/e?*

Was für eine Reise? – Eine **abenteuerliche** Reise **in den Dschungel**.

Mit Attributen kann man den Bedeutungsinhalt von Nomen und nominalisierten Wörtern eindeutiger bestimmen oder erweitern.

Arten von Attributen

Attribute sind oft Adjektive, können aber auch andere Wörter sein und als Wortgruppen oder Sätze vorkommen. Man unterscheidet verschiedene Arten von Attributen.

die **schöne** Reise	**Adjektivattribut: Adjektiv** + Nomen
die **anstrengende** Reise	**Partizipialattribut: Partizip** + Nomen
die Reise **nach Mallorca**	**Präpositionalattribut:** Nomen + **Präposition** (z. B. nach, mit, in, bei) + **Nomen**
die Reise **des Ministers**	**Genitivattribut:** Nomen + **Nomen im Genitiv** (wessen?)
die Reise, **die bald zu Ende geht**, …	**Relativsatz als Attribut:** Nomen + **Relativsatz**
die Reise, **eine lange geplante Unternehmung**, …	**Apposition:** Nomen + **Nomen/Wortgruppe/ nominalisiertes Wort im gleichen Kasus**

Attribute im Satz

Attribute sind keine eigenständigen Satzglieder, sondern Teil eines Satzglieds (eines Subjekts, Objekts oder Adverbials). Bei der Umstellprobe können Attribute nur zusammen mit ihrem Bezugswort verschoben werden.

Beispiel

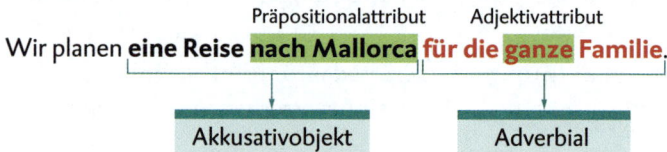

Wir planen **eine Reise nach Mallorca für die ganze Familie**.

Präpositionalattribut	Adjektivattribut
Akkusativobjekt	Adverbial

Umstellprobe:
Für die ganze Familie planen wir **eine Reise nach Mallorca**.
Eine Reise nach Mallorca planen wir **für die ganze Familie**.

 Mit Papierstreifen, auf die man die einzelnen Wörter des Satzes schreibt, lässt sich die Umstellprobe leicht „begreifen". Wörter, die beim Umstellen zusammenbleiben, bilden die Satzglieder. Diese können nur im Ganzen verschoben werden. Attribute als Teile von Satzgliedern bewegen sich immer zusammen mit dem Bezugswort.

Guter Stil? – Was Attribute bewirken

Mit Attributen kann man Texte, z. B. eine Erlebniserzählung, anschaulicher gestalten. Die Erweiterungsprobe hilft dabei: Man fügt dem Bezugswort weitere Attribute, also passende Merkmale, bei, z. B.:

Für die ganze Familie haben wir **eine tolle, bezahlbare, sehr erholsame, kaum anstrengende und dennoch aufregende Reise nach Mallorca** geplant, **die von einem Reiseunternehmen organisiert wird**.

Am Beispiel sieht man deutlich: Attribute tragen dazu bei, einen Text mit Informationen anzureichern. Aber Vorsicht: Sehr viele Attribute können das Leseverständnis erschweren.

Berichten

Beim Berichten geht es darum, jemanden in **sachlicher Weise** über ein Ereignis oder ein Geschehen zu **informieren**, z. B. in der Zeitung. Im Unterschied zu Erzählungen beschränken sich Berichte meist auf wesentliche Informationen, die klar, knapp und genau vermittelt werden. Berichte stehen in der Regel im **Präteritum**.

Im Deutschunterricht werden Berichte verfasst, aber auch gelesen und analysiert.

Varianten des Berichts

Bericht ist nicht gleich Bericht! Die Textsorte Bericht kommt in verschiedenen Spielarten vor:

- **Bericht über ein Ereignis / Tatsachenbericht**
  Im schulischen und gesellschaftlichen Leben gibt es tagtäglich Ereignisse, die für andere von Interesse sind: **Kulturevents** (z. B. Konzert, Ausstellungseröffnung, Einweihung eines neuen Jugendzentrums), **Sportveranstaltungen** (z. B. Skirennen, Fußballspiele, Wandertag), **politische Ereignisse** (z. B. Landtagswahl, Klima-Demonstrationen, Sitzungen der SMV), **wissenschaftliche Forschungen** (z. B. Entwicklung eines Impfstoffs, Ergebnisse von Expeditionen) und vieles mehr. Berichte darüber findet man in der Zeitung oder Schülerzeitung, heutzutage auch online.

- **Unfallbericht**
  Berichte über **Unfälle im Verkehr, im Haushalt oder beim Sport** haben den Zweck, den Verlauf eines Unfalls genau und sachlich darzustellen, z. B. gegenüber einer Versicherung oder der Polizei. Oft gibt es ein Formular, in das die wichtigsten Informationen über Ort, Zeit, Ablauf, Umstände sowie die beteiligten Personen eingetragen werden.

W-Fragen: *Was? Wann? Wo? Wer? Wie? Warum? Wozu?*

- **Polizeibericht**
  Die Polizei muss alle **Einsätze dokumentieren**. Im Polizeibericht wird festgehalten, was passiert ist. Die W-Fragen werden dabei genau beantwortet.

- **Erfahrungsbericht**
  In manchen Berichten geht es nicht um einzelne Ereignisse, sondern um länger andauernde Erfahrungen. Für **schulische Praktika** wie Girl's Day / Boy's Day oder Berufs- und Sozialpraktika wird meist ein Praktikumsbericht verfasst oder ein Berichtsheft geführt, in dem der Praktikant / die Praktikantin seine/ihre Erfahrungen festhält. Diese Berichte können auch benotet werden.

- **Reisebericht**
  In Reiseberichte fließen neben **sachlichen Informationen** oft auch **persönliche Erfahrungen** ein.

- **Sonderform: Reportage**
  Die Reportage will nicht nur sachlich informieren, sondern auch unterhalten. Dabei soll der Leser das Gefühl haben, live bei einem Ereignis oder Geschehen dabei zu sein. Reportagen stehen oft im Präsens, ihr Sprachstil ist persönlich und anschaulich.

Aufbau eines Berichts

Berichte sind nach einem bestimmten Aufbauschema gegliedert:

Die **Überschrift** ist die erste Information über das Ereignis. Sie benennt es sachlich, ohne es zu bewerten oder auszuschmücken.

Die **Einleitung** informiert knapp darüber, worum es in dem Bericht geht. Sie beantwortet folgende W-Fragen: *Was, wann, wo, wer?*

Der **Hauptteil** stellt in der richtigen zeitlichen Reihenfolge dar, wie das Ereignis oder Geschehen abgelaufen ist. Auch Gründe und Ursachen des Ereignisses werden manchmal genannt. Die W-Fragen *Wie* und *Warum* werden beantwortet.

Der **Schluss** gibt einen Ausblick auf die Folgen oder möglichen Konsequenzen des Ereignisses. Die W-Fragen *Wozu/Mit welchen Folgen* werden geklärt.

> Mit **Karteikarten** gelingt es meist gut, den dreigliedrigen Aufbau eines Berichts umzusetzen. Auf drei Karteikarten werden Stichworte für die Gliederung bzw. den Schreibplan des Berichts notiert.
>
> **1. Karte** = Einleitung – die Karte wird einseitig beschriftet
>
> **2. Karte** = Hauptteil – die Karte wird beidseitig beschriftet
>
> **3. Karte** = Schluss – die Karte wird einseitig beschriftet

Sprache eines Berichts

Im Unterschied zu Erzählungen, in denen Erlebnisse subjektiv und spannend dargestellt werden, sind Berichte nüchtern und objektiv geschrieben. Sie zeichnen sich aus durch

- eine **sachliche und informative Sprache**;
- die Verwendung des **Präteritums**;
- die Verwendung des **Plusquamperfekts** für alles, was vor dem berichteten Ereignis liegt;
- passende **Zeitangaben**, mit denen die Chronologie der Ereignisse verdeutlicht wird;
- logische **Verknüpfungen von Aussagen**, vor allem mit Konjunktionen, Subjunktionen und Adverbien.

◄ **Textbeispiel**

Im folgenden Beispiel werden Aufbau und sprachliche Gestaltung eines Berichts verdeutlicht.

Narrenbefreiung am „Schmotzigen"

Auch dieses Jahr wurden am Fastnachtsdonnerstag die Schülerinnen und Schüler des Friedrich-Wöhler-Gymnasiums Singen vom Unterricht befreit.   **wann, wer** / **wo** / **was**

Am Morgen des sogenannten „Schmotzigen Dunstig" kamen traditionsgemäß alle Schülerinnen und Schüler und viele Lehrkräfte maskiert und kostümiert in die Schule. <u>Zuerst</u> fand der Unterricht im Klassenzimmer statt, <u>allerdings</u> wurde er <u>anders</u> als üblich gestaltet. In manchen Klassen wurde getanzt, <u>während</u> andere lustige Spiele machten oder ein Fastnachtsprogramm mit Sketchen vorbereitet hatten.   **wann** / **warum** / **wie, Zeitangabe** / **was / wie, Adverb** / **wie; Konjunktion (Subjunktion)** / **was / wie (Vorzeitigkeit: Plusquamperfekt)**

Zeitangabe	<u>Nach etwa einer Stunde</u> kündigte sich die Narrenzunft „Poppele" mit lauter Guggenmusik an, um die Kinder vom Unterricht zu befreien und in die Stadt zu entlassen. <u>Obwohl</u> die Lehrerinnen und Lehrer „Gefangene" der Narren waren, boten sie ihnen ein buntes Programm aus Sketchen, Büttenreden und sportlichen Vorführungen dar.
warum / wozu Konjunktion	
Zeitangabe / Ausblick	Die Tradition der Schülerbefreiung wird sicherlich auch <u>nächstes Jahr</u> fortgeführt.

In Kürze

- Beantwortung der W-Fragen

- dreiteiliger Aufbau (Einleitung, Hauptteil, Schluss)

- Präteritum, bei Vorzeitigkeit Plusquamperfekt

- sachliche Sprache

- neutrale, knappe Darstellung der Ereignisse

Beschreiben

Was ist das?

Beschreiben zielt darauf ab, Zuhörern oder Lesern eine **genaue Vorstellung** von jemandem oder etwas zu vermitteln, das sie selbst nicht sehen oder kennen. Genaues Hinschauen und Beobachten sind deshalb Grundvoraussetzungen jeder guten Beschreibung.

Die Aufsatzart **Beschreibung** gibt es in verschiedenen Varianten: Gegenstands-, Personen-, Tier-, Bild- und Vorgangsbeschreibung. Für alle Arten gilt: Es soll **anschaulich**, **genau** und möglichst **sachlich** formuliert werden.
Tempus der Beschreibung ist in der Regel das **Präsens** (Gegenwart).

Mündliches Beschreiben kommt auch im Alltag vor. Man geht dabei meistens ungeordnet vor, weil das Gegenüber nachfragen kann, wenn es etwas nicht versteht. Im **Aufsatz** gibt es diese Möglichkeit nicht. Deshalb ist hier ein **strukturiertes Vorgehen** wichtig.

Personen beschreiben

Diese beliebte Variante des Beschreibens ist den Kindern bereits aus der Grundschule bekannt. Die **Personenbeschreibung**, eine Art ausformulierter Steckbrief mit genauen **Informationen über eine Person**, enthält:

- Grundinformationen zu Alter, Geschlecht, Beruf u. Ä.;
- Informationen zum Äußeren der Person, insbesondere Gestalt, Gesicht, Kleidung, Bewegung, Körperhaltung, Besonderheiten (z. B. Narben, Piercing);
- ggf. Informationen zu Verhaltensweisen und Charaktereigenschaften.

Aufbau

Für Personenbeschreibungen werden oft **Fotos** genutzt. Nach einer kurzen Vorstellung der Person in der **Einleitung** beschreibt man im **Hauptteil** das Aussehen und die Erscheinung der Person genauer. Dabei geht man geordnet vor, z. B. von oben nach unten, vom Gesamteindruck zu den Details, von der äußeren Erscheinung zu Verhaltensweisen, die sich evtl. daran ablesen lassen. **Aussagekräftige Adjektive** und **treffende Verben** machen die Beschreibung anschaulich und lebendig. Im **Schluss** kann man darauf eingehen, wie die Person wirkt, z. B. auf den Aufsatzschreiber oder andere Leute. Auch das Selbstbild der Person kann den Aufsatz abrunden.

Der folgende **Beispielaufsatz** zeigt, wie man bei einer Personenbeschreibung vorgeht und was beachtet werden muss.

Textbeispiel	

Einleitung:
kurze Vorstellung der Person

Tante Corinna ist die Schwester meiner Großmutter. Sie ist 86 Jahre alt und war nie verheiratet.

Hauptteil:
Aussehen, Kleidungsstil

Vorliebe / Hobby

Tante Corinna ist eine gepflegte alte Dame. Ihr schlohweißes Haar ist mit farbenfrohen Bändern zu einem Knoten zusammengedreht, auf ihren runzligen Wangen schimmern Rouge und Puder. Ihre Kleider, Blusen und Röcke sind etwas altmodisch, aber ausgesprochen extravagant. Denn immer noch entwirft sie fast alle Kleidungsstücke selbst und lässt sie aus feinen Stoffen bei einer Schneiderin nähen. Auch die Accessoires sind stets passend zu ihrem Stil ausgewählt. Deshalb quetscht sie ihre oft geschwollenen Füße in klassische Lederpumps mit Absatz, anstatt ihnen bequeme Sportschuhe zu gönnen.

Schluss:
Wirkung der Person

Trotz kleinerer Altersbeschwerden geht meine Tante immer noch gerne zu Konzerten, trifft sich mit Freunden und bewirtet zu Ostern ihre ganze Familie. Dafür wird sie von uns allen geliebt!

 aussagekräftige Adjektive   treffende Verben

Eltern-Tipp 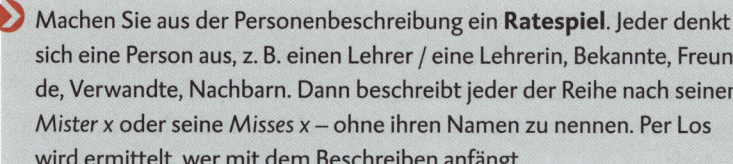 Machen Sie aus der Personenbeschreibung ein **Ratespiel**. Jeder denkt sich eine Person aus, z. B. einen Lehrer / eine Lehrerin, Bekannte, Freunde, Verwandte, Nachbarn. Dann beschreibt jeder der Reihe nach seinen *Mister x* oder seine *Misses x* – ohne ihren Namen zu nennen. Per Los wird ermittelt, wer mit dem Beschreiben anfängt.

Gegenstand beschreiben

Auch die **Gegenstandsbeschreibung** hat einen Sitz im richtigen Leben. Außerhalb der Schule kommt sie z. B. als **Suchmeldung**, **Verkaufs- oder Verlustanzeige** vor, etwa für ein gestohlenes Fahrrad. Dieses soll so beschrieben werden, dass andere eine genaue Vorstellung davon bekommen und es nicht mit ähnlichen Fahrrädern verwechseln können.

In der **Einleitung** wird der Gegenstand benannt und der Ge- *Aufbau* samteindruck wiedergegeben, im **Hauptteil** werden in sinnvoller Anordnung Material, Form, Farbe und besondere Merkmale beschrieben. Der **Schluss** enthält z. B. die Bitte an den Finder, sich beim Besitzer zu melden.

Für die Gegenstandsbeschreibung braucht man einen differenzierten Wortschatz:

- **Fachbegriffe** zur präzisen Bezeichnung von Teilen und Materialien, beim Fahrrad z. B.: Felgenbremsen, Leichtmetallfelge, Dynamo.
- **Wortfelder, Synonyme** und **Antonyme** für eine abwechslungsreiche Textgestaltung, z. B. Farbangaben: rot, weinrot, bordeauxrot, signalrot, rötlich; bunt – einfarbig; helle Farben – dunkle Farben; glänzend – matt.

> Gegenstandsbeschreibungen können sich auch auf **Fantasiegegen-** *Eltern-Tipp*
> **stände** beziehen. Veranstalten Sie einen Wettbewerb und beschreiben
> Sie die perfekte Hausaufgabenmaschine, die sich selbst ausräumende
> Spülmaschine, den Gute-Laune-Apparat für Morgenmuffel … Lassen
> Sie Ihrem Erfindergeist freien Lauf!

Vorgang beschreiben

Kochrezepte, Bastelanleitungen, Zaubertricks, Anweisungen für Bewegungsabläufe im Sport – all diese Texte fallen unter den Oberbegriff **Vorgangsbeschreibung**. Hier kommt es besonders auf die **richtige Reihenfolge** der Beschreibung an, denn der Leser / die Leserin soll in die Lage versetzt werden, den **Vorgang Schritt für Schritt nachzuvollziehen** und womöglich selbst durchzuführen. Zur Vorgangsbeschreibung gehören folgende Teile:

Aufbau

- **Überschrift:** Welcher Vorgang wird beschrieben?
  Eine Gesichtsmaske nähen.

- **Einleitung:** Welche Materialien braucht man, was muss vorbereitet werden?
  Um eine Gesichtsmaske zu nähen, braucht man passenden Stoff, Nähgarn und Gummiband. Vor dem Nähen muss die Nähmaschine hergerichtet werden, Maßband, Stecknadeln und Schere müssen bereitliegen.

- **Hauptteil:** Was ist in welchen Schritten zu tun?
  Zuerst wird der Stoff so zugeschnitten, dass ...
  Dann steckt man die Nähte mit Stecknadeln ab ...

- **Schluss:** Welche Tipps und Hinweise könnten dem Leser / der Leserin weiterhelfen?
  Eure erste Gesichtsmaske wird vielleicht noch nicht perfekt sein. Verliert trotzdem nicht die Lust am Nähen, beim zweiten Mal klappt es bestimmt schon viel besser!

In Kürze

Für alle Beschreibungen gilt:
- Präsens

- sachliche Sprache

- anschauliche Adjektive und Verben für eine möglichst genaue Beschreibung

- abwechslungsreiche Formulierungen (z. B. durch Verwendung von Synonymen)

- strukturiertes Vorgehen:
  Beschreibung ...
  ▶ von außen nach innen, von oben nach unten, vom Allgemeinen zu den Details (Bildbeschreibung, Gegenstandsbeschreibung)
  ▶ vom Aussehen zu den inneren Werten (Personenbeschreibung)
  ▶ in der richtigen zeitlichen Reihenfolge (Vorgangsbeschreibung)

Brief

Was ist das?

Der klassische Brief (lateinisch *brevis libellus*, kurzes Schreiben) ist eine **schriftliche Nachricht,** die durch einen Boten vom Sender zum Empfänger gebracht wird. Im digitalen Zeitalter werden Briefe zunehmend elektronisch übermittelt bzw. durch E-Mails ersetzt.

Auch kulturgeschichtlich spielt der Brief eine wichtige Rolle, etwa in der Bibel (z. B. Paulusbriefe an die Römer), bei der Entstehung der Zeitung oder in der Literatur (Briefroman).

Briefe – Form des schriftlichen Austauschs

Der **Briefwechsel** ist eine Form der **schriftlichen Kommunikation**. Wer einen Brief schreibt und ihn abschickt, nimmt mit einem abwesenden Empfänger Kontakt auf und erwartet in der Regel eine Antwort, die schriftlich oder mündlich erfolgen kann. Sprache und Stil, Form, Papier und sogar das Schreibwerkzeug (Füller, Kugelschreiber, Computer) richten sich nach dem Adressaten, an den man einen Brief schreibt: Für den **Geburtstagsbrief** an die Oma wählt man einen persönlicheren Stil als für einen sachlichen Geschäftsbrief, individuelle Briefe an Freunde unterscheiden sich von **Rundbriefen** an den ganzen Bekanntenkreis, den **Begleitbrief einer Bewerbung** baut man anders auf als einen **Leserbrief** für die Zeitung.

Briefe im Deutschunterricht

Auch wenn das Briefeschreiben heute etwas aus der Mode gekommen ist, gibt es im Deutschunterricht immer wieder Anlässe für das Verfassen von Briefen.

- Die Kinder schreiben „**echte**" **Briefe** und schicken diese, frankiert und adressiert, ab: z. B. an die ehemalige Lehrerin aus der Grundschule, an einen kranken Klassenkameraden, einen Verein usw.

- Die Schülerinnen und Schüler schreiben an den **Autor eines Jugendbuchs oder Theaterstücks**, entwerfen **Leserbriefe** für die Zeitung, formulieren **Beschwerdebriefe** an Politiker. Die Briefe werden jedoch meist nicht versandt, sondern bleiben im Schulheft.

- Etwa ab Klasse 8 oder 9 üben die Jugendlichen das **Verfassen von Bewerbungen**, z. B. für einen Praktikumsplatz. Ein professionell gestaltetes Anschreiben in Form eines Briefes gehört dazu. Dabei wird der Computer genutzt.

- Beim Lesen **literarischer Texte** (z. B. Kurzgeschichten, Jugendbücher) werden mit Briefen sogenannte Leerstellen ausgefüllt. Dabei versetzen sich die Schüler in eine Figur und schreiben aus deren **Perspektive** an eine andere Figur. So bringen sie ihr Textverstehen zum Ausdruck.

Eltern-Tipp ❯ Ein Brief ist ein Brief ist ein Brief … – von wegen! Hinter dem Begriff *Brief* stecken ganz unterschiedliche Arten von Schriftstücken. Stellen Sie gemeinsam mit Ihrem Kind ein ABC-Darium der **Briefarten** zusammen, von A wie *Ablassbrief*, über B wie *Beschwerdebrief* oder *Bittbrief* bis Z wie *Zunftbrief*. Klären Sie auch die Bedeutung der verschiedenen Briefarten, z. B. mithilfe eines Wörterbuchs oder des Internets.

Aufbau eines Briefs

Wie Aufsätze haben auch Briefe eine Einleitung, einen Hauptteil und einen Schluss. Hinzu kommen einige Besonderheiten wie Briefkopf, Anrede, Betreff, Grußformel und Unterschrift.

Offizieller Brief

Mara Müller
Steinstraße 3
22113 Hamburg

Erika Schwarz
Karl-Ruppert-Str. 29
20359 Hamburg

                          Hamburg, den 20.12.2021

Aktion der SMV

Sehr geehrte Frau Schwarz,

als Schulsprecherin möchte ich Sie auf eine Aktion der SMV aufmerksam machen. …

Über Ihren Besuch würden wir uns freuen.

Mit freundlichen Grüßen

Mara Müller / Ihre Mara Müller

Adresse des Absenders

Adresse des Empfängers

Ort und Datum

Betreff

Anrede: *Danach kommt in der Regel ein Komma und es wird klein weiter-geschrieben.*

Brieftext: *Die Höflich-keitsanrede (Sie, Ihnen, Ihr usw.) wird groß-geschrieben.*

Grußformel: *Nach der Grußformel folgt kein Satzschlusszeichen!*

Persönlicher Brief

                       Hamburg, 20.12.2021

Lieber Piet!

Heute habe ich eine ganz besondere Neuigkeit für dich. …

Es wäre toll, wenn du bald zurückschreibst!

Liebe Grüße / Herzlicher Gruß / Bis bald

Nina / Deine Nina

Ort und Datum: *Alle anderen Elemente des Briefkopfs entfallen beim persönlichen Brief in der Regel.*

Anrede: *In seltenen Fällen kann nach der An-rede auch ein Ausrufezei-chen stehen.*

Brieftext: *In persön-lichen Briefen wird du, dir, dich, dein usw. meist kleingeschrieben.*

 Statt Briefen schreiben viele Menschen heute **E-Mails**, für die weniger formale Vorgaben gelten. Dennoch sollte man **Grundregeln der Höf-lichkeit** einhalten und auf korrekte Rechtschreibung achten.

Diagramme und Infografiken auswerten

Was ist das?

Diagramme und Infografiken gehören zu den **nicht-linearen bzw. diskontinuierlichen Texten** – im Gegensatz zu sog. Fließtexten. Mit einer **Kombination von Bild- und Textelementen sowie Zahlen** stellen sie Sachverhalte, Zusammenhänge, Abläufe oder Strukturen anschaulich dar. Neben ihrer **Informationsfunktion** verfolgen sie oft auch die Absicht, den Leser zum Nachdenken zu bringen. Sie können auch einen Appell enthalten.

In der Schule kommen Diagramme und Infografiken in **allen Schulfächern** vor. Im Deutschunterricht werden sie meist im Zusammenhang mit Sachtexten analysiert und für das **materialgestützte Schreiben** ausgewertet (z. B. Essay).

Arten von Diagrammen

Auf Diagramme trifft man in vielen Medien: in Zeitungen und Zeitschriften, im Fernsehen, im Internet, in Sach- und Schulbüchern, in der Werbung. Auch **statistische Erhebungen**, z. B. die Entwicklung von Märkten, werden in der Regel als Diagramm dargestellt.

Diagramme gibt es in unterschiedlichen Formen:

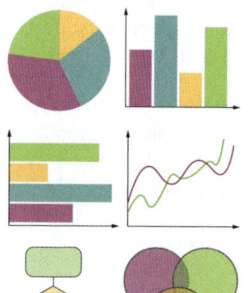

- Kreisdiagramm
- Säulendiagramm
- Balkendiagramm
- Kurvendiagramm
- Flussdiagramm
- Venn-Diagramm (Schnittmengen-Diagramm)
- Tabellen

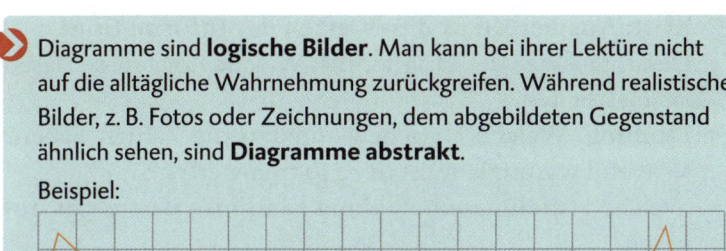

Diagramme sind **logische Bilder**. Man kann bei ihrer Lektüre nicht auf die alltägliche Wahrnehmung zurückgreifen. Während realistische Bilder, z. B. Fotos oder Zeichnungen, dem abgebildeten Gegenstand ähnlich sehen, sind **Diagramme abstrakt**.

Beispiel:

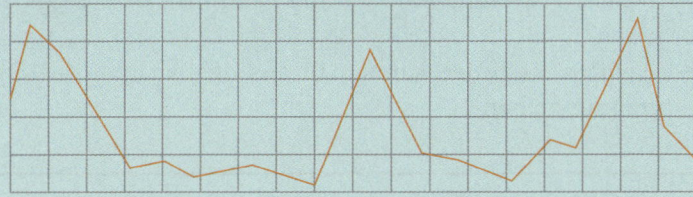

Diese Fieberkurve erinnert an das Höhenprofil eines Gebirges, ist aber die schematische Darstellung eines Temperaturverlaufs mit Minima und Maxima.

Diagramme analysieren

Bei der Analyse von Diagrammen geht man in **drei Schritten** vor.

1. **Schritt: Vorwissen aktivieren**
   - Art des Diagramms bestimmen (z. B. Balkendiagramm, Kreisdiagramm)
   - Brainstorming zur Überschrift: Was weiß ich schon zu diesem Thema? Habe ich Vorwissen? Worüber könnte mich das Diagramm informieren?

2. **Schritt: genaues Lesen und Betrachten**
   - Wer hat die Daten erhoben? Von wem stammt das Diagramm?
   - Von wann ist das Diagramm?
   - Welchen Zeitraum / Zeitpunkt bilden die Daten ab?
   - Wer wurde befragt?
   - Für welche Region / welches Land werden Werte abgebildet?
   - Welche Maßeinheit liegt den Zahlen zugrunde (z. B. Prozent, Kilogramm)?
   - neutrale Beschreibung der Zahlen: Welche Werte sind besonders hoch oder niedrig? Wie ist die Entwicklung der Zahlen im Verlauf der Zeit?

3. **Schritt: Auswerten und Bewerten der Informationen**
   - Gesamtaussage des Diagramms: Welche Ergebnisse lassen sich festhalten?
   - Deutung: Welche Ursachen könnten die Zahlen haben? Wie und warum kommt es zu Extremwerten?
   - Welche Handlungsempfehlung kann man daraus ggf. ableiten?
   - Welches Resümee kann man aus der Analyse des Diagramms ziehen?

Textbeispiel

*Diese Informationen findet man in der Regel in der **Quellenangabe** unter dem Diagramm.*

Auswertung eines Diagramms

Diagramm zu einer Online-Umfrage des SINUS-Instituts 2019. Es wurden 1 102 deutschsprachige junge Menschen im Alter von 14–24 Jahren befragt.

Teilnahme an Fridays for Future
Jeder 4. Jugendliche hat schon bei FfF teilgenommen

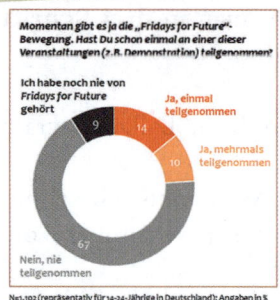

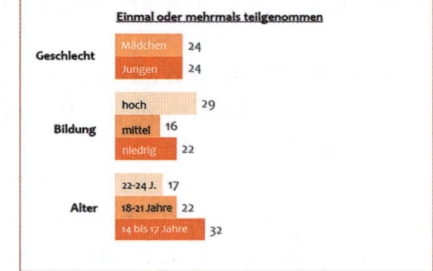

Momentan gibt es ja die „Fridays for Future"-Bewegung. Hast Du schon einmal an einer dieser Veranstaltungen (z.B. Demonstration) teilgenommen?

Ich habe noch nie von Fridays for Future gehört — 9
Ja, einmal teilgenommen — 14
Ja, mehrmals teilgenommen — 10
Nein, nie teilgenommen — 67

Einmal oder mehrmals teilgenommen

Geschlecht: Mädchen 24, Jungen 24
Bildung: hoch 29, mittel 16, niedrig 22
Alter: 22-24 J. 17, 18-21 Jahre 22, 14 bis 17 Jahre 32

N=1.102 (repräsentativ für 14-24-Jährige in Deutschland); Angaben in %

Quelle: © SINUS-Institut 2019

Die Umfrage wurde im Jahr 2019 von dem renommierten SINUS-Institut durchgeführt und veröffentlicht, einem unabhängigen Institut für psychologische und sozialwissenschaftliche Forschung und Beratung. Die Ergebnisse sind repräsentativ, d. h. die Stichprobe (1 102 Befragte) setzt sich so zusammen, dass Rückschlüsse auf die Gesamtheit aller deutschsprachigen Jugendlichen zwischen 14 und 24 Jahren in Deutschland gezogen werden können.

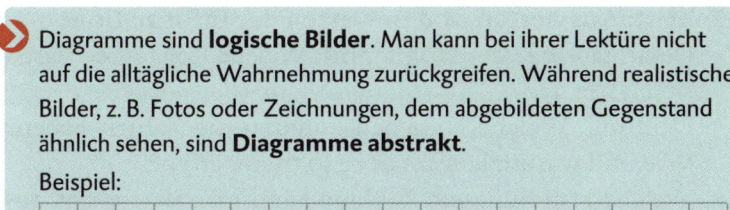

Diagramme sind **logische Bilder**. Man kann bei ihrer Lektüre nicht auf die alltägliche Wahrnehmung zurückgreifen. Während realistische Bilder, z. B. Fotos oder Zeichnungen, dem abgebildeten Gegenstand ähnlich sehen, sind **Diagramme abstrakt**.

Beispiel:

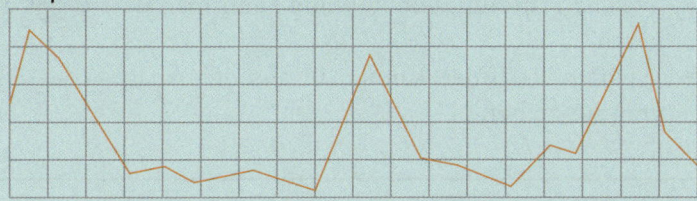

Diese Fieberkurve erinnert an das Höhenprofil eines Gebirges, ist aber die schematische Darstellung eines Temperaturverlaufs mit Minima und Maxima.

Diagramme analysieren

Bei der Analyse von Diagrammen geht man in **drei Schritten** vor.

1. **Schritt: Vorwissen aktivieren**
   - Art des Diagramms bestimmen (z. B. Balkendiagramm, Kreisdiagramm)
   - Brainstorming zur Überschrift: Was weiß ich schon zu diesem Thema? Habe ich Vorwissen? Worüber könnte mich das Diagramm informieren?

2. **Schritt: genaues Lesen und Betrachten**
   - Wer hat die Daten erhoben? Von wem stammt das Diagramm?
   - Von wann ist das Diagramm?
   - Welchen Zeitraum / Zeitpunkt bilden die Daten ab?
   - Wer wurde befragt?
   - Für welche Region / welches Land werden Werte abgebildet?
   - Welche Maßeinheit liegt den Zahlen zugrunde (z. B. Prozent, Kilogramm)?
   - neutrale Beschreibung der Zahlen: Welche Werte sind besonders hoch oder niedrig? Wie ist die Entwicklung der Zahlen im Verlauf der Zeit?

3. **Schritt: Auswerten und Bewerten der Informationen**
   - Gesamtaussage des Diagramms: Welche Ergebnisse lassen sich festhalten?
   - Deutung: Welche Ursachen könnten die Zahlen haben? Wie und warum kommt es zu Extremwerten?
   - Welche Handlungsempfehlung kann man daraus ggf. ableiten?
   - Welches Resümee kann man aus der Analyse des Diagramms ziehen?

Textbeispiel ▷

Auswertung eines Diagramms

*Diese Informationen findet man in der Regel in der **Quellenangabe** unter dem Diagramm.*

Diagramm zu einer Online-Umfrage des SINUS-Instituts 2019. Es wurden 1 102 deutschsprachige junge Menschen im Alter von 14–24 Jahren befragt.

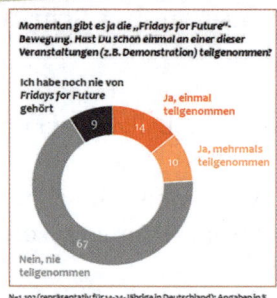
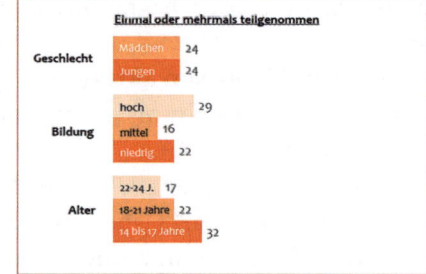

Teilnahme an Fridays for Future
Jeder 4. Jugendliche hat schon bei FfF teilgenommen

Quelle: © SINUS-Institut 2019

Die Umfrage wurde im Jahr 2019 von dem renommierten SINUS-Institut durchgeführt und veröffentlicht, einem unabhängigen Institut für psychologische und sozialwissenschaftliche Forschung und Beratung. Die Ergebnisse sind repräsentativ, d. h. die Stichprobe (1 102 Befragte) setzt sich so zusammen, dass Rückschlüsse auf die Gesamtheit aller deutschsprachigen Jugendlichen zwischen 14 und 24 Jahren in Deutschland gezogen werden können.

Besonders auffallend sind **drei Ergebnisse:**

- Mehr als die Hälfte der Jugendlichen hat noch nie an einer *Fridays for Future*-Veranstaltung teilgenommen, fast ein Zehntel hat noch nie von *Fridays for Future* gehört. Das erstaunt, denn die Berichterstattung der Medien erweckt den Eindruck, als engagierten sich fast alle Jugendlichen für *Fridays for Future.*
- Ein hoher Bildungsgrad geht mit überdurchschnittlichem Engagement einher, auch Jugendliche mit niedriger Bildung sind gut vertreten. Diejenigen mit mittlerer Bildung sind hingegen wenig an der Klimawandel-Bewegung interessiert. Die Gründe dafür werden an dieser Stelle nicht genannt. Zu vermuten sind Faktoren wie die persönliche Zufriedenheit mit dem Zustand der Welt.
- *Fridays for Future* spricht vor allem die Jüngeren an, mit steigendem Alter lässt das Engagement nach. Dies könnte damit zusammenhängen, dass eine Ausbildung, ein Studium oder der Eintritt ins Berufsleben mehr Zeit beanspruchen. Auch andere Formen der Auseinandersetzung mit Klimafragen gewinnen möglicherweise an Bedeutung, z. B. die Arbeit in einer Umweltorganisation oder politischen Partei.

Die Ergebnisse der Umfrage sind z. B. für die Bildungspolitik relevant: Um das Ziel einer Bildung für nachhaltige Entwicklung zu erreichen, muss mehr Wissen über den Klimawandel und seine Ursachen vermittelt werden.

Infografiken lesen und analysieren

Infografiken (auch: Schaubilder, Sachbilder) vermitteln **Wissen in Bildern**, und zwar auf einprägsame, oft unterhaltsame Weise. Gut gestaltete Infografiken sind einfach aufgebaut und enthalten wenig Text. Sie verwenden meist realistische Bilder und erschließen sich dem Leser manchmal schon auf den ersten Blick. Zum angemessenen Verständnis ist auch hier **Vorwissen** nötig. Neben der **Informations- und Erklärfunktion** haben Infografiken häufig auch eine **Appellfunktion:** Sie wollen Problembewusstsein schaffen und den Leser zum Handeln bewegen. Beim Analysieren von Infografiken geht man ähnlich vor wie bei Diagrammen: Vorwissen aktivieren, genaues Lesen und Betrachten, Auswerten und Bewerten der Informationen.

Besonders bekannt sind die humorvoll gestalteten Karten und Infografiken des KATA-PULT-Magazins.

Anhand der folgenden Infografik werden die Erschließungs-
schritte exemplarisch durchgeführt.

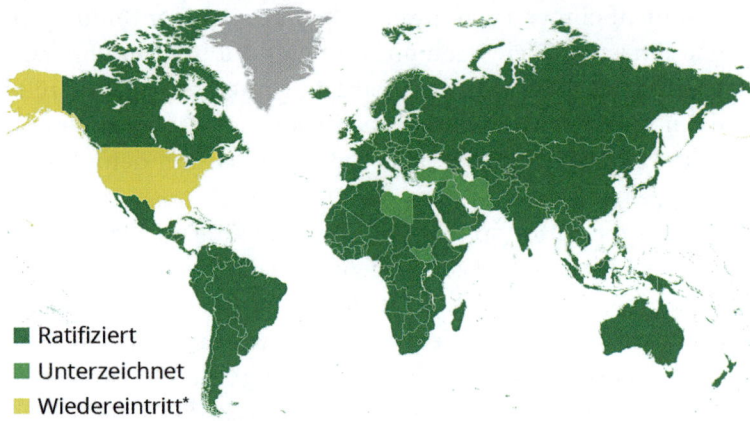

Der Stand des Pariser Abkommens
Weltweiter Status des Übereinkommens von Paris

 Ratifiziert
Unterzeichnet
Wiedereintritt*

* am 20.01.2021 informierte US-Präsident Biden den UN-Generalsekretär, dass
die USA zum 19.02.2021 wieder in das Abkommen eintreten werden.
Stand: 21. Januar 2021
Quelle: UNFCC

1. **Schritt: Vorwissen aktivieren** (Was weiß ich schon zu die-
   sem Thema?)
   - Pariser Abkommen = in Paris geschlossenes Abkommen
     zum Klimaschutz
   - Das Pariser Abkommen ist eine Selbstverpflichtung zahl-
     reicher Staaten.
   - Es geht um die weltweite Reduzierung des CO_2-Aussto-
     ßes und der Erderwärmung.
   - Dieses Problem hat weltweite Protestbewegungen hervor-
     gerufen, zum Beispiel *Fridays for Future*.

2. **Schritt: genaues Lesen und Betrachten** (Bilder, Aufbau, Text, Zahlen, Hauptaussage)
   - **Aufbau und Farbgestaltung:** Die Grafik zeigt eine Weltkarte, auf der die Länder in zweierlei Grüntönen, Gelb und Grau (Grönland) dargestellt sind.
   - **Legende:** Die Farben zeigen an, welche Staaten das Abkommen ratifiziert (grün) oder unterzeichnet haben (hellgrün) bzw. ausgetreten und dann wieder eingetreten sind (gelb). Die meisten Staaten haben das Abkommen ratifiziert, es ist für sie also völkerrechtlich verbindlich und rechtskräftig. Einige Staaten haben das Abkommen lediglich unterschrieben, es aber noch nicht völkerrechtlich anerkannt.
   - **Text:** Aus der Fußnote lässt sich entnehmen, dass die USA aus dem Abkommen ausgestiegen waren und zum 19.2.2021, nach dem Machtwechsel zu Präsident Biden, wieder eingetreten sind.
   - **Hauptaussage:** Die Welt ist sich einig, dass gegen die CO_2-bedingte Klimaerwärmung etwas getan werden muss.

3. **Schritt: Auswerten und Bewerten der Informationen**
   Angesichts der zunehmenden Bedrohung des Klimas durch den CO_2-Ausstoß weltweit scheint das Pariser Abkommen seine Ziele nicht zu erreichen. Das zeigen auch Protestbewegungen wie zum Beispiel *Fridays for Future*.

Dramatische Texte: Analyse und Interpretation

Was ist das?

Dramatische Texte sollte man idealerweise aufgeführt auf der Bühne sehen und erleben. Beim Lesen muss man hinter dem geschriebenen Text die **gesprochene Handlung** erkennen: Was tun und lassen, denken und fühlen, bewirken und veranlassen die Figuren, wenn sie **in Dialogen und Monologen** sprechen? Genau diese gesprochene Handlung gilt es bei der Analyse und Interpretation dramatischer Texte herauszuarbeiten.

Wie bei allen Interpretationen verwendet man hierfür Fachbegriffe wie z. B. Szene, Akt, Protagonist.

Beispiel

In einer 10. Klasse wurde Friedrich Dürrenmatts Theaterstück *Der Besuch der alten Dame* gelesen.

In der Klassenarbeit / Klausur wird folgender Auszug aus dem II. Akt des Drama vorgelegt:

1 **ILL:** Es geht um mein Leben.
DER PFARRER: Um Ihr ewiges Leben.
ILL: Der Wohlstand steht auf.
DER PFARRER: Das Gespenst Ihres Gewissens.
5 **ILL:** Die Leute sind fröhlich. Die Mädchen schmücken sich. Die Burschen tragen bunte Hemden. Die Stadt bereitet sich auf das Fest meiner Ermordung vor, und ich krepiere vor Entsetzen.
DER PFARRER: Positiv, nur positiv, was Sie durchmachen.
ILL: Es ist die Hölle.
10 **DER PFARRER:** Die Hölle liegt in Ihnen. Sie sind älter als ich und meinen die Menschen zu kennen, doch kennt man nur sich. Weil Sie ein Mädchen um Geld verraten haben, einst vor vielen Jahren, glauben Sie, auch die Menschen würden Sie nun um Geld verraten. Sie schließen von sich auf andere. Nur allzu
15 natürlich. Der Grund unserer Furcht liegt in unserem Herzen, liegt in unserer Sünde: Wenn Sie dies erkennen, besiegen Sie, was Sie quält, erhalten Waffen, dies zu vermögen.
ILL: Siemethofers haben sich eine Waschmaschine angeschafft.

Ills Gedanken: Die Moral geht unter.

Anspielung auf Ills Gewissen: Für den Wohlstand hat er Klara verleugnet und ein wohlhabendes Mädchen geheiratet.

drastische Schilderung von Ills Ängsten

fragwürdiger seelsorgerischer Beistand

DER PFARRER: Kümmern Sie sich nicht darum.

ILL: Auf Kredit.

20 DER PFARRER: Kümmern Sie sich um die Unsterblichkeit Ihrer *Aufforderung zur Reue*
Seele.

ILL: Stockers einen Fernsehapparat.

DER PFARRER: Beten Sie. Sigrist, das Beffchen[1].

DER SIGRIST *bindet dem Pfarrer das Beffchen um.*

25 DER PFARRER: Durchforschen Sie Ihr Gewissen. Gehen Sie den
Weg der Reue, sonst entzündet die Welt Ihre Furcht immer wieder. Es ist der einzige Weg. Wir vermögen nichts anderes.

Quelle: Friedrich Dürrenmatt: Der Besuch der alten Dame, Copyright © 1986 Diogenes
Verlag AG Zürich.

1: Beffchen = Halsbinde mit zwei dünnen Leinenstreifen

Die Aufgabenstellung für die Interpretation könnte so lauten:

1. Ordne das Gespräch zwischen Ill und dem Pfarrer in den
    Handlungsverlauf ein.

2. Interpretiere den Dialogausschnitt. Beziehe auch die Regie-
    anweisungen ein.

Vorarbeiten

Die Vorarbeiten bei der Analyse und Interpretation erfolgen auf
zwei Ebenen:

1. **genaue Lektüre der Szene / des Szenenausschnitts:**
    - Sprechen die Figuren in Dialogen oder Monologen?
    - Wie sind die Redeanteile der Figuren verteilt?
    - Sprechen die Figuren in Standardsprache oder in Umgangs-
      sprache, in vollständigen Sätzen oder elliptisch?
    - Welche Informationen enthalten die Regieanweisungen?

2. **Einordnung der Textstelle in das gesamte Drama:**
    - Wo steht die Szene? Am Anfang (Exposition), am Höhe-
      punkt (Peripetie), am Ende (Lösung bzw. Katastrophe)?
      Stellt sie ein retardierendes (verzögerndes) Moment in der
      Handlung dar?
    - Was passiert unmittelbar vor- und nachher?
    - Welche Bedeutung hat die Szene für die Entwicklung der
      Hauptfigur?

Den Interpretationsaufsatz schreiben

Die sorgfältige Bearbeitung des Textes mit Stiften und Textmarkern ist die Grundlage der Interpretation. Der Aufsatz gliedert sich in drei Teile:

1. **Einleitung:** Basisinformationen über das Drama (Autor, Titel, dramatische Textart, Zeit der Entstehung bzw. Erstaufführung, Thema); Hinführung zur vorgelegten Textstelle

Textbeispiel ▷

Der Besuch der alten Dame von Friedrich Dürrenmatt wurde 1956 uraufgeführt. Der Schweizer Autor nennt sein Stück eine tragische Komödie, denn das Stück enthält komische und tragische Elemente.
Der Protagonist Alfred Ill, der am Ende sterben wird, ist Kaufmann und Bürgermeisterkandidat in Güllen. 45 Jahre vor Beginn der Bühnenhandlung hat er in einem Vaterschaftsprozess seine schwangere Freundin Klara verleumdet, die daraufhin floh, verarmte und zur Prostituierten wurde. Nun kehrt sie als reiche alte Dame in ihren verarmten Heimatort zurück, um sich zu rächen. Sie verspricht den Güllenern eine Milliarde – unter der Bedingung, dass sie Ill töten.

2. **Hauptteil:** knappe Inhaltsangabe der Textstelle, Deutungshypothese; Analyse und Interpretation der Textstelle

Textbeispiel ▷

Der vorliegende Szenenausschnitt findet sich im II. Akt der tragischen Komödie, in dem sich die Güllener immer mehr von der Erwartung des möglichen Wohlstands korrumpieren lassen und von Ill abrücken. Als schließlich der schwarze Panther der alten Dame ausbricht und alle Bürger sich bewaffnen, versteht Ill dies – zurecht – als stellvertretende Jagd auf ihn selbst. Vergeblich wendet er sich an den Polizisten und den Bürgermeister. Schließlich sucht er Beistand beim Pfarrer, der ebenfalls bewaffnet ist. Anstatt ihm zu helfen, speist er ihn mit religiösen Floskeln ab und rät ihm schließlich zur Flucht (vgl. S. 75).
Der Dialogausschnitt spielt sich in der Sakristei ab (vgl. S. 73), wo sich der Pfarrer vom Sigrist (Messner) für eine Taufe einkleiden lässt (vgl. S. 71). Laut Regieanweisung

schleichen im Hintergrund die Güllener mit schussbereiten Gewehren herum (vgl. S. 74). Ill fühlt sich bedroht und wendet sich mit einem indirekten Hilferuf an den Pfarrer: „Es geht um mein Leben." Der bietet ihm jedoch nicht etwa Kirchenasyl an, sondern relativiert seine Todesangst, indem er auf die abstrakte Ebene der Moral verweist: Um Ills „ewiges Leben" (Z. 2) gehe es, um sein „Gewissen" (Z. 4), um die „Unsterblichkeit [seiner] Seele" (Z. 20). Angesichts von Ills Beobachtung des steigenden Wohlstands und seiner Mutmaßung, dass sich die ganze Stadt auf „das Fest [s]einer Ermordung" (Z. 7) vorbereite, klingen die Beschwichtigungsversuche des Pfarrers wie reiner Hohn. „Positiv, nur positiv, was Sie durchmachen" (Z. 8), sagt er. Und als Ill darauf beharrt, dass die äußere Situation für ihn die „Hölle" sei (Z. 9), entgegnet der Pfarrer: „Die Hölle liegt in Ihnen." (Z. 10) Ills beängstigende Lage deutet er also zur Bußübung um, die ihn zum ewigen Heil führe, seine Verfolgung durch die Güllener erklärt er als Projektion: „Weil Sie ein Mädchen um Geld verraten haben, einst vor vielen Jahren, glauben Sie, auch die Menschen würden Sie nun um Geld verraten. Sie schließen von sich auf andere." (Z. 12 ff.) Ganz Seelsorger weist er ihm den Weg zur Läuterung seiner Schuld und fordert ihn auf: „Durchforschen Sie Ihr Gewissen. Gehen Sie den Weg der Reue, sonst entzündet die Welt Ihre Furcht immer wieder. Es ist der einzige Weg. Wir vermögen nichts anderes." (Z. 25 ff.) Aber Ill weiß, dass sein Leben ganz real in Gefahr ist. Denn der Konsum auf Kredit – die Waschmaschine der Siemethofers, der Fernsehapparat der Stockers, die zweite Kirchenglocke, die der Pfarrer angeschafft hat – setzt voraus, dass die versprochene Milliarde durch seinen Tod bezahlt wird.

3. Schluss: Fazit, Zusammenfassung, aktueller Bezug

◁ **Textbeispiel**

Der Szenenausschnitt zeigt deutlich, dass auch der Pfarrer am Konsumverhalten und der Verdrängungsstrategie der Güllener teilhat. Er rechnet mit Ills Tod. Nur für einen Moment durchbricht er die Heuchelei und rät Ill: „Flieh, führe uns nicht in Versuchung, indem du bleibst." (S. 76)

Inszenierung von „Der Besuch der alten Dame" im Schauspielhaus Zürich 2015

In Kürze

Bei der Analyse und Interpretation dramatischer Texte geht man so vor:

- **lesen:** mindestens zwei Lesedurchgänge mit Stift
- **analysieren:** Einordnung in das gesamte Drama; wichtige Textmerkmale markieren, insbesondere Figuren, Dialog, Monolog, Sprechakte, Regieanweisungen, sprachliche Auffälligkeiten (z. B. gebundene Sprache, d. h. Verse in klassischen Dramen)
- **schreiben:**
  - ▶ Einleitung: Vorstellung des Textes (Szene, Szenenauszug, Akt), Formulierung einer Deutungshypothese
  - ▶ Hauptteil: Analyse und Interpretation des Textes im Hinblick auf die Entwicklung der dramatischen Handlung, Berücksichtigung von Form, Sprache und Inhalt; Entfaltung, Begründung und Überprüfung der Deutungshypothese; Beleg durch Zitate
  - ▶ Schluss: Fazit, Wertung
- **überarbeiten und korrigieren:** den fertigen Aufsatz durchlesen, Fehler verbessern, für längere Korrekturen und Ergänzungen Freiraum am Seitenende nutzen
- **Sprache:** sachlich, Fachbegriffe

Drama – Theater

Was ist das?

Das Wort *Drama* kommt aus dem Griechischen und bedeutet *Handlung*. Dramen, also **Theaterstücke**, werden auf einer Bühne aufgeführt. Dabei stellen Schauspieler die Personen (Fachbegriff: Figuren) dar. Sie schlüpfen in Rollen und sprechen Dialoge und Monologe. Auch **Hörspiele** gehören zur dramatischen Literatur.

Neben Epik und Lyrik ist Dramatik eine der Großformen der Literatur.

Was Theater ist, wissen schon kleine Kinder: sich verkleiden und eine Maske aufsetzen, in Rollen schlüpfen und vorübergehend ein anderer sein, neue Handlungsmöglichkeiten und Verhaltensweisen erproben. Ob als Akteur im eigenen Spiel oder als Zuschauer im Kindertheater, meistens sind Kinder mit Begeisterung dabei.

 Aktivieren Sie Ihr Vorwissen! Was fällt Ihnen und Ihren Kindern zum Theaterspielen alles ein? Führen Sie gemeinsam ein kurzes Brainstorming durch.

Eltern-Tipp

Theater im Deutschunterricht

Im Deutschunterricht wird der Begriff Theater zur Zusammenfassung unterschiedlicher Textarten benutzt: das Drama in seinen Varianten **Tragödie, Komödie** und **Tragikomödie, Sketche** und **Szenen**, aber auch **Krippenspiel** und **Passionsspiele** gehören dazu (z. B. in Oberammergau).

Bekannte Theaterstücke, z. B. von den Klassikern Goethe und Schiller, werden in der Schule ganz oder ausschnittsweise gelesen, gespielt, analysiert und interpretiert, auf Video oder echten Bühnen angeschaut (z. B. Stadttheater, Schultheater). Zum Repertoire gehört auch, dass die Schülerinnen und Schüler selbst kreativ werden, indem sie Stücke, Szenen, Sketche u. Ä. spielen oder selbst schreiben. Bestimmt haben Sie als Eltern schon einmal eine solche Schulaufführung erlebt.

➡ *Auf S. 46 ff. finden Sie mehr zur **Analyse und Interpretation** von Dramen.*

Was für ein Drama!

Ein Bild vom antiken Theater haben wir alle vor uns, z. B. aus Reisen nach Griechenland, Italien oder Südfrankreich. Dort sind noch heute die Überreste großer Amphitheater zu bewundern, wo Tragödien und Komödien vor großem Publikum aufgeführt wurden.

Das berühmte Theater des Herodes Atticus am Fuße der Akropolis in Athen

Das Drama ist **Rollendichtung**. Damit unterscheidet es sich wesentlich von Epik und Lyrik. Denn das Geschehen und die Handlung dramatischer Texte werden nicht von einem Erzähler oder einem lyrischen Sprecher vermittelt, sondern durch **Schauspieler**, die in **Dialogen** (Gesprächen) und **Monologen** (Selbstgesprächen) auf einer Bühne agieren – und zwar live. Dramatische Texte erinnern an die Partitur eines Musikstücks: In der Hauptsache bestehen sie aus der **wörtlichen Rede** der Figuren (Haupttext), daneben stehen Anmerkungen, wie die Schauspieler sprechen und sich verhalten sollen (**Regieanweisungen**, auch Nebentext genannt). Der Regisseur und viele weitere Theatermitarbeiter (z. B. Dramaturg, Masken- und Kostümbildner, Beleuchter, Souffleuse) sorgen dafür, dass aus dem geschriebenen Text eine Theateraufführung wird – ein kulturelles Ereignis!

Eltern-Tipp

> Machen Sie das Wohnzimmer zur Bühne und führen Sie ein Fünf-Minuten-Stück für zwei Personen auf.
>
> So geht's:
>
> - Sie überlegen sich einen Konflikt aus dem Familien- oder Schulleben und verteilen die Rollen. Eltern können Kinder spielen und umgekehrt!
> - Ihr Text besteht aus zwei Wörtern: Person A sagt nur Ja, Person B Nein.
> - Improvisieren Sie damit ein abwechslungsreiches Stück! Hier kommt es vor allem auf Mimik, Gestik und die Tonlage des Gesagten an.

Klassisches und modernes Theater

Die Vorstellungen von Theater ändern sich mit der Zeit. Das **klassische Theater**, z. B. Dramen von Johann Wolfgang von Goethe (1749–1832) und Friedrich Schiller (1759–1805), steht in der Tradition der Antike und folgt einer strengen **Dramaturgie**, die im folgenden Schema dargestellt ist:

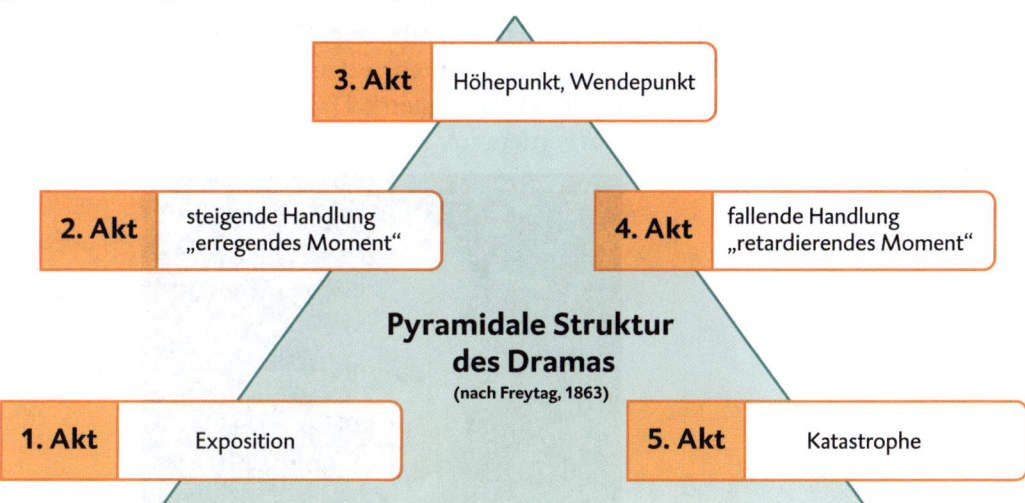

3. Akt Höhepunkt, Wendepunkt

2. Akt steigende Handlung „erregendes Moment"

4. Akt fallende Handlung „retardierendes Moment"

Pyramidale Struktur des Dramas
(nach Freytag, 1863)

1. Akt Exposition

5. Akt Katastrophe

Die Regeln für das **klassische Drama** gehen auf den Philosophen Aristoteles (385–323 v. Chr.) zurück. Er forderte:

- die **Einheit der Handlung**, d. h. das Geschehen ist in sich geschlossen, es gibt keine Nebenhandlungen;

klassisches Drama

- die **Einheit der Zeit**, d. h. die Handlung darf sich nur über wenige Stunden erstrecken;

- die **Einheit des Ortes**, d. h. es gibt im Wesentlichen nur einen Schauplatz.

Auch für die **Figuren** macht Aristoteles strenge Vorschriften, wobei zwischen Tragödien und Komödien zu unterscheiden ist:

> **Tragödie:**
> - Ständeklausel, d. h. **Held (Protagonist)** und **Gegenspieler (Antagonist)** von hohem Stand, z. B. Könige, edle Krieger, Götter
> - Fallhöhe: nur Personen von hohem Stand können tief fallen
> - Ende mit **Katastrophe**, z. B. Tod des Helden

> **Komödie:**
> - Hauptfiguren **auch** von **niederem Stand**
> - häufig verkehrte Welt, z. B.: Der Diener wird zum König
> - **versöhnliches Ende**

Erst im **Zeitalter der Aufklärung** wurden auch Menschen aus dem Bürgertum zu Tragödienhelden. Gotthold Ephraim Lessing (1729–1781; siehe Bild unten) erfand mit dem **Bürgerlichen Trauerspiel** (z. B. *Emilia Galotti*, 1772) eine neue Spielart, mit der er das Drama erneuerte.

Bürgerliches Trauerspiel:
- Bürger stehen im Mittelpunkt der Tragödie
  → **Aufhebung der Ständeklausel**
- in **Prosa** verfasst (nicht mehr in Versform)
- veränderte Spielorte: **Privatraum** der Bürger
- Themen: Selbstverwirklichung, Liebe, Standeskonflikte, Moral und Tugend, Gesellschaft

Mit dem Konzept des **Epischen Theaters** setzt der Dichter Bertolt Brecht (1898–1956) in den 1920er-Jahren ein wesentliches Ziel des klassischen Theaters außer Kraft: Die Identifikation der Zuschauer mit dem Protagonisten wird nicht mehr angestrebt, sondern verhindert.

 Episches Theater:
- erzählt etwas, eine Geschichte (deshalb: episch)
- Schauspieler treten aus ihren Rollen heraus und **sprechen das Publikum** direkt **an**
- **Verfremdungseffekte**, z. B. durch Songs, Kommentare, Informationstafeln, Projektionen
- Zuschauer sollen **reflektiert und kritisch** über das Verhalten der Protagonisten nachdenken
- Theater soll durch Aufzeigen von Missständen dazu **anregen, die Gegebenheiten zu ändern**

Mit dem epischen Theater entwickelte Bertolt Brecht **eine moderne Form des Dramas**. Moderne Dramen weichen oft von der klassischen Formstrenge ab (vgl. klassisches Drama):

- offene Form, d. h. **lockere Szenenfolge** (statt Einteilung in Akte)   *modernes Drama*
- unterschiedliche Handlungsorte
- mehrere Handlungsstränge
- **offenes Ende**

 Ein **Theaterlexikon** mit den wichtigsten Begriffen finden Sie im Internet, z. B. unter *https://www.rossipotti.de/inhalt/literaturlexikon/sachbegriffe/theater.html*

Epik

Was ist das?

Die **Epik** ist neben Dramatik und Lyrik eine der Hauptgattungen der Literatur. Nicht nur das Namen gebende Epos (griechisch: Heldenerzählung in Versform, z. B. *Ilias* und *Odyssee*) gehört zur Epik, auch viele recht **unterschiedliche Textarten** zählen dazu: Märchen, Fabeln, Sagen, Parabeln, Anekdoten, Romane, Erzählungen, Novellen, Kalendergeschichten, Kurzgeschichten usw. Stets gibt es einen **Erzähler**, der eine **fiktionale (erfundene) Geschichte** erzählt. Er darf aber nicht mit dem Autor / der Autorin gleichgesetzt werden.

Allgemeine Merkmale

Epische Texte (auch narrative, d. h. erzählende Texte) wurden ursprünglich mündlich weitergegeben. Die erzählte Geschichte kann kurz oder lang, komisch oder ernst, in gebundener (Verse) oder ungebundener Sprache (Prosa) verfasst sein.

Der Erzähler hat dabei zahlreiche Möglichkeiten, dem Leser seine Geschichte zu vermitteln. Man unterscheidet:

- **Erzählformen:** Er-/Sie-Erzählung, Ich-Erzählung

- **Erzählhaltung bzw. Erzählverhalten:** auktorial (Außensicht eines allwissenden Erzählers, Kommentare und Reflexionen); personal (begrenzte Sicht einer Figur), neutral (Außensicht, aber ohne Einblick in die Figuren)

- **Darbietungsformen:** Erzählbericht, Figurenrede (Monologe und Dialoge in direkter und indirekter Rede), erlebte Rede, innerer Monolog

- **Zeitgestaltung:** Erzählzeit (= Dauer des Erzählvorgangs) – erzählte Zeit (= Dauer des Geschehens), Zeitraffung / Zeitdeckung / Zeitdehnung, Rückblende / Vorausdeutung

Epische Langformen

Häufig teilt man epische Texte nach ihrem Umfang ein. Die *Roman*
wichtigste **Langform** – nach dem Epos – ist der **Roman**. Romane lassen sich nach verschiedenen Kriterien unterscheiden:
- **formal:** z. B. Briefroman, Tagebuchroman, Fortsetzungsro-
  man;
- **inhaltlich:** z. B. Abenteuerroman, Adoleszenzroman, Bil-
  dungsroman, Heimatroman, Kriminalroman, Liebesroman,
  Schelmenroman, Science-Fiction- und Fantasyroman.

Zum gemeinsamen **Steckbrief** der zahlreichen **Romanarten** gehören:
- eine vielschichtige Handlung;
- mehrere Erzählstränge;
- Haupt- und Nebenhandlungen;
- eine große Anzahl an Figuren.

> Aufgrund des Umfangs werden im Schulunterricht nur wenige Romane
> gelesen.
> Auf der Liste des „**Buchs der 1 000 Bücher**" finden Lesehungrige
> mehrere Hundert wichtige Romane der Weltliteratur – genug Lesestoff
> für ein ganzes Leben.
> https://de.wikipedia.org/wiki/Liste_der_Werke_im_Buch_der_1000_
> B%C3%BCcher

Auch die kürzere **Novelle** (von italienisch *novella* = Neuigkeit) *Novelle*
gehört zu den epischen Langformen. Sie erzählt in straffer Form
von einer „unerhörten", also neuen Begebenheit. Ihre Handlung
führt geradlinig auf einen **zentralen Konflikt- und Wendepunkt** zu. Novellen sind oft in eine **Rahmenerzählung** einge-
bettet: Im *Decamerone* des italienischen Dichters Giovanni Boc-
caccio z. B. flieht eine Gesellschaft vor der Pest aufs Land. Dort
erzählt man sich Geschichten, um Zeit und Angst zu vertreiben.

In der Schule werden u. a. folgende Novellen oft gelesen:
- Heinrich v. Kleist: *Die Marquise von O . . ., Michael Kohlhaas*
- Annette v. Droste-Hülshoff: *Die Judenbuche*
- Theodor Storm: *Der Schimmelreiter, Unterm Birnbaum*
- Gottfried Keller: *Kleider machen Leute, Romeo und Julia auf
  dem Dorfe*
- Günter Grass: *Katz und Maus*

Epische Kleinformen

Epische Kleinformen heißt der Oberbegriff für **kürzere Erzäh-lungen** aller Art. Die folgende Zusammenstellung erläutert die Textarten, die im Deutschunterricht gelesen werden.

Steckbrief der Textart	Autoren und Titel
Die Anekdote ist eine kurze, oft witzige Geschichte, die eine bekannte Persönlichkeit, eine gesellschaftliche Gruppe oder besondere Ereignisse thematisiert.	Heinrich von Kleist: *Anekdoten*
Die Erzählung ist knapper und überschaubarer als der Roman. Sie hat keine unverwechselbaren Gattungsmerkmale.	Siegfried Lenz: *Das Feuerschiff* Friedrich Schiller: *Der Verbrecher aus verlorener Ehre*
Die Fabel erzählt von Tieren oder Pflanzen, die gegensätzliche menschliche Charaktereigenschaften verkörpern: der schlaue Fuchs, der dumme Esel usw. Sie geraten oft miteinander in Konflikt, wobei der Stärkere, Klügere oder Listigere siegt. Fabeln enthalten eine Moral oder Lehre, die sich der Leser manchmal selbst erschließen muss.	Phaedrus: *Der Wolf und das Lamm* Martin Luther: *Vom Frosch und der Maus* La Fontaine: *Die Grille und die Ameise* Franz Kafka: *Kleine Fabel*
In der **Kalendergeschichte** geht es um merkwürdige Begebenheiten, von denen der Autor irgendwo erfahren hat und die er zu unterhaltsamen und lehrreichen kurzen Erzählungen ausgestaltet. Sie wurden ursprünglich für Kalender geschrieben, die früher der einzige Lesestoff in vielen Haushalten waren.	Johann Peter Hebel: *Schatzkästlein des rheinischen Hausfreundes* Bertolt Brecht: *Kalendergeschichten*
Kurzgeschichten (vom Amerikanischen *short story*) entstanden in Deutschland nach dem Zweiten Weltkrieg. Sie erzählen kurz und knapp von einem entscheidenden Moment im Leben eines Menschen. Dabei verwenden sie eine alltägliche Sprache, beginnen meist mitten im Geschehen und lassen das Ende offen.	Wolfgang Borchert: *Das Brot* Heinrich Böll: *Wanderer kommst du nach Spa …* Marie-Luise Kaschnitz: *Das dicke Kind*

Märchen sind wunderbare, frei erfundene Erzählungen. Es geht darin um Gut und Böse, das Lösen schwieriger Aufgaben und den Eingriff übernatürlicher Mächte in das Leben des Helden / der Heldin. Märchen gibt es in allen Kulturen. Sie wurden im einfachen Volk von Generation zu Generation mündlich weitererzählt und dabei immer wieder verändert. Im 19. Jahrhundert sammelten die Brüder Grimm deutsche Volksmärchen und schrieben sie auf. Wenn namentlich bekannte Dichter selbst märchenhafte Geschichten erfinden, spricht man von **Kunstmärchen**.	Jacob und Wilhelm Grimm, *Kinder- und Hausmärchen*; z. B. *Aschenputtel, Dornröschen, Hänsel und Gretel* Autoren von Kunstmärchen: Wilhelm Hauff, Hans Christian Andersen, E. T. A. Hoffmann
Die Parabel ist eine kurze Erzählung, aus der die Leser eine allgemeine Erkenntnis oder Lebensweisheit ziehen können. Dazu muss das konkrete Geschehen in einen anderen Bereich übertragen werden, z. B. die Fahrt durch einen dunklen Tunnel auf den Lebensweg.	Autoren: Franz Kafka Robert Walser Martin Buber Bertolt Brecht
Die Parodie übernimmt die Form eines bekannten Textes oder einer Textart und füllt sie mit neuem Inhalt, meist in kritischer oder ironischer Absicht.	Parodien auf Märchen: Paul Maar, *Die Geschichte vom bösen Hänsel, der bösen Gretel und der Hexe* Parodien auf Balladen: z. B. *Erlkönig*
Die Sage wurde ursprünglich mündlich überliefert. Sie erzählt von fantastischen Geschehnissen, knüpft aber an die Realität an und ist oft an bestimmte Orte oder geschichtliche Ereignisse gebunden.	Jacob und Wilhelm Grimm, *Deutsche Heldensagen* (Siegfried, Lohengrin usw.) Gustav Schwab, *Die schönsten Sagen des klassischen Altertums* (Trojanischer Krieg, Herakles usw.)

> Sichten Sie Ihre **Bücherregale** und blättern Sie das **Deutschbuch** Ihres Kindes durch, um die Liste der Autorinnen und Autoren und Titel zu ergänzen. Vielleicht überfällt Sie die Leselust und Sie beginnen den Feierabend mit einer **Vorlesestunde** in der Familie. Im Gespräch über das Gelesene praktizieren Sie bereits eine Form des Interpretierens – und üben dabei mit Ihrem Kind eine wichtige Aufsatzart ein.

Eltern-Tipp

➡ Siehe auch: Epische Texte: Analyse und Interpretation (S. 60 ff.)
 Literarische Texte (S. 121 ff.)

Epische Texte: Analyse und Interpretation

Was ist das?

Epische Texte erzählen eine Geschichte, auf die der Leser sich einlassen soll. Beim Analysieren und Interpretieren muss er **zum Text auf Distanz gehen**, ihn gewissermaßen von oben betrachten, um seine Machart zu erkennen und zu beschreiben.

Der Text soll nicht nacherzählt, sondern besprochen werden. Man verwendet hierfür das Präsens und bestimmte Fachbegriffe, z. B. Ich-Erzähler, Er-Erzähler, Hauptfigur/Protagonist usw.

Analyse und Interpretation von Erzähltexten

Von Klasse 8 bis zum Abitur werden Interpretationsaufsätze zu Erzähltexten verfasst, meistens zu Kurzgeschichten oder zu Auszügen aus Romanen, Erzählungen oder Novellen.

Beispiel

In einer 9. Klasse wird *So lonely* von Per Nilsson gelesen. In dem Adoleszenzroman erzählt ein Jugendlicher im Rückblick von seiner ersten Liebe zu einem Mädchen namens Ann-Katrin. Er nennt sie Herztrost, nach der duftenden Gewürzpflanze (Zitronenmelisse), die sie ihm geschenkt hat. Das Schreiben über sich selbst in der dritten Person Singular („Er") hilft ihm, seine Erlebnisse zu verarbeiten.

In der Klassenarbeit / Klausur wird ein Romanauszug mit folgender Aufgabe vorgelegt:

1. Ordne die vorgelegte Textstelle in den Handlungsverlauf des Romans ein.
2. Analysiere und interpretiere die Textstelle.

Herztrost-Reliquien

1 „Ich weiß ja, dass ich dich immer nerve, dass du dein Zimmer aufräumen sollst, aber übertreibst du jetzt nicht doch ein bisschen?"

Mama hatte die Tür zu seinem Zimmer aufgemacht und ihn dabei ertappt, wie er mit einer Pinzette in der Hand auf dem Fußboden herumkroch. Es war der Tag nach Ann-Katrins Besuch. Der Tag, nachdem Herztrost in seinem Zimmer gewesen war. Der Tag, nachdem sie ihn umarmt hatte.

„Hab ich nicht gesagt, dass du anklopfen sollst", fuhr er Mama an.
10 „Hab ich das etwa nicht gesagt?"

„Was treibst du da eigentlich?", fragte Mama. Er antwortete nicht, warf ihr nur die Tür vor der Nase zu.

Aber was trieb er eigentlich?

Er suchte Reliquien.

15 Es hatte damit angefangen, dass er ein langes rotes Haar auf seinem Schreibtisch gefunden hatte. Er schnupperte daran: Ein ganz, ganz schwacher Hauch von Zitrone. Vielleicht.

Vorsichtig pulte er das Haar in eine kleine Plastikschachtel und begann nach weiteren Haaren zu suchen.

Quelle: © Per Nilsson - Licensed through ALIS

Kapitel-Überschrift; „Reliquie" – körperliches Überbleibsel eines / einer Heiligen, oft verehrt und in Schrein aufbewahrt

unmittelbarer Einstieg mit Alltagsdialog über das Aufräumen

personale Perspektive, Mama = Bezeichnung der Mutter durch das Kind, Zeitangaben, rhetorische Frage, Vorwurf

Dialog, jedoch keine Antworten auf Fragen der Mutter, pubertäres Verhalten (Türe zuschlagen)

Wiederholung der Frage aus personaler Perspektive, Bezug zur Kapitel-Überschrift

---

> Beim Interpretationsaufsatz dürfen die Schülerinnen und Schüler in der Regel ihr eigenes Buch benutzen. Wer im Verlauf des Unterrichts Markierungen und knappe Randnotizen anbringt, hat es in der Klausur leichter. Aber Vorsicht: Wenn ganze Passagen aus Lektürehilfen ins Buch übertragen werden, schreitet die Lehrkraft dagegen ein. Plagiatsverdacht!

Eltern-Tipp

Vorarbeiten

Der erste Schritt zum Aufsatz besteht wie immer aus Vorarbeiten:

- genaue **mehrmalige Lektüre** der Textstelle;
- Untersuchung von **Textaufbau, Erzählverhalten, Zeitgestaltung, Figurenkonstellation** usw.;

- Markieren und Unterstreichen von **Schlüsselstellen**, Motiven usw.;
- bei Ausschnitten: **Einordnung der Textstelle** in den Gesamttext: Wo steht sie? Was passiert vor- und nachher? Welche Bedeutung hat sie für die Entwicklung der Hauptfigur?

Interpretation schreiben

Die Bearbeitung des Textes ist die Grundlage der Interpretation. Die Ergebnisse müssen nun vom Kopf auf das Papier. Mit der folgenden **Checkliste** kann Ihr Kind überprüfen, was es hierfür bereits kann und was es noch lernen bzw. verbessern muss.

Ich kann …

eine **Einleitung** schreiben:
- Angaben zu Textsorte, Autor*in, Titel und Thema;

den **Hauptteil** ausarbeiten:
- die **Handlung** in chronologischer Reihenfolge zusammenfassen;
- die **Textstelle** einordnen (bei Ausschnitten aus Roman, Jugendbuch, Novelle usw.);

- den **Text** beschreiben und analysieren: Aufbau, Ort, Zeit, Figuren, Erzählperspektive und -verhalten, Motive, sprachliche Besonderheiten;
- eine **Deutungshypothese** aufstellen und überprüfen (= Argumente vorbringen);
- die eigenen Aussagen mit **Textbelegen** (Zitaten) stützen;

➡ *Wie man korrekt zitiert, erfahren Sie im Eintrag „Zitieren" (S. 203 ff.).*

einen **Schluss** formulieren:
- Ergebnisse zusammenfassen, Fazit ziehen;
- begründet Stellung nehmen, persönliche Bewertung abgeben;
- aktuellen Bezug herstellen;

die **formalen Anforderungen** an einen Aufsatz erfüllen:

- Regeln für Rechtschreibung, Grammatik, Zeichensetzung beachten, Fachsprache verwenden (z. B. Erzählverhalten);
- im Präsens schreiben;
- Gliederung durch Absätze verdeutlichen;
- sauber und klar schreiben (kaum Durchstreichungen; Verbesserungen am Seitenende).

Textbeispiel

In dem Jugendroman *So lonely* aus dem Jahr 1997 erzählt der schwedische Autor Per Nilsson eine Liebesgeschichte. Der Protagonist ist ein junger Mann, der seine erste große Liebe durch Schreiben verarbeitet. Um Distanz zu seinen Erlebnissen zu gewinnen, wählt er die dritte Person Singular als Perspektive, er erzählt personal. Erst am Ende des Romans wechselt er zu „ich" und „wir".

Einleitung: Vorstellung des Romans und Deutungshypothese

Der Text ist ein Abschnitt aus dem Kapitel „Herztrost-Reliquien", etwa in der Mitte des Romans. Am Tag zuvor hatte der Protagonist zum ersten Mal Besuch von dem Mädchen Ann-Katrin, in das er sich verliebt hat. Jetzt sucht er in seinem Zimmer nach Spuren ihrer Anwesenheit und findet rote Haare, an denen er den Duft von Zitronenmelisse zu riechen glaubt.

Hauptteil:
Einordnung der Textstelle
Inhaltsangabe

Das Kapitel beginnt szenisch, mit einem Dialog. Als die Mutter des Jungen ihn dabei ertappt, wie er mit einer Pinzette am Boden herumkriecht, wundert sie sich über sein Verhalten und fragt: „[Ü]bertreibst du jetzt nicht doch ein bisschen?" (Z. 2 f.) Statt einer Antwort bekommt sie nur einen patzigen Vorwurf zu hören, weil sie sein Zimmer ohne Anklopfen betreten hat. Auch als sie noch einmal nachfragt, was er da eigentlich so „treib[e]" (Z. 11), reagiert er abwehrend und schlägt ihr die Zimmertür vor der Nase zu. Es wird deutlich, dass er Intimsphäre für sich beansprucht, auch wenn er noch zu Hause wohnt. Seine Mutter nennt er zwar „Mama" (Z. 4), aber er ist kein Kind mehr, das ihr alles anvertraut, sondern ein junger Mann mit Geheimnissen.

Textbeschreibung:
szenisches Erzählen
(Dialog)

Protagonist: Verhältnis zur Mutter, kein Kind mehr

Im Unterschied zur Mutter erfahren wir Leser recht genau, was hinter dem sonderbaren Verhalten des Jungen steckt. Denn als personaler Er-Erzähler seiner eigenen Geschichte lässt er uns daran teilhaben, was er denkt und fühlt: Der Tag von Ann-Katrins Besuch, von dem die Mutter nichts weiß, ist für ihn ein ganz besonderer Tag, denn sie hat ihn zum ersten Mal umarmt. Wieder

Erzählhaltung und -form, Leserperspektive

Bezug zur Kapitel-Über-schrift

allein in seinem Zimmer, fragt er sich selbst: „Aber was trieb er eigentlich?" (Z. 13) Seine Antwort zeigt, wie sehr er verliebt ist: „Er suchte Reliquien." (Z. 14) Laut Wörterbuch handelt es sich bei einer Reliquie um den „Überrest eines Heiligen". Er wird in einem Schrein aufbewahrt und verehrt. Genauso verfährt der Junge mit den roten Haaren, die Ann-Katrin in seinem Zimmer zurückgelassen hat. Sie sind für ihn wertvolle Erinnerungsstücke,

Motiv Herztrost

die er in einer kleinen Plastikschachtel bewahrt. Das Motiv Herztrost, Synonym für die Zitronenmelisse, die Ann-Katrin ihm geschenkt hat und nach der sie duftet, durchzieht den Roman wie ein Leitmotiv.

Schluss / Fazit

Die Szene zeigt deutlich, dass die Beziehung des Jungen zu Ann-Katrin nicht auf Augenhöhe ist. Im Gegensatz zu ihm ist Ann-Katrin in der Liebe bereits erfahren. Sie mag ihn, aber eine Liebesbeziehung mit ihm kommt für sie nicht infrage. Am Ende des Romans kann der Junge das akzeptieren. Als Erzähler findet er zur ersten Person zurück, im Singular und Plural: ich und wir.

Mir persönlich gefällt der Roman gut, denn dem Autor gelingt es, den Liebeskummer des Jungen darzustellen, ohne kitschig zu werden.

In Kürze

Bei der Analyse und Interpretation erzählender Texte geht man so vor:
- **lesen:** mindestens zwei Lesedurchgänge mit Stift
- **analysieren:** wichtige Textmerkmale markieren, z. B. Erzähler, Figuren, Ort, Zeit, Motive usw.
- **schreiben:**
  - ▸ Einleitung: Vorstellung des Textes bzw. Textauszugs, Formulierung einer Deutungshypothese
  - ▸ Hauptteil: Analyse und Interpretation des Textes hinsichtlich Form, Sprache und Inhalt; Entfaltung, Begründung und Überprüfung der Deutungshypothese
  - ▸ Schluss: Fazit, Wertung
- **überarbeiten und korrigieren:** den fertigen Aufsatz durchlesen, Fehler verbessern, für längere Korrekturen und Ergänzungen Freiraum am Seitenende nutzen
- **Sprache:** sachlich, Fachbegriffe

Erzählen

Was ist das?

Beim Erzählen geht es darum, eigene, fremde oder erdachte Erlebnisse **spannend und anschaulich** darzustellen. Es gibt verschiedene Varianten des Erzählens und dementsprechend **unterschiedliche Aufsatzformen**, die in der Schule behandelt werden, z. B. Erlebniserzählung, Fantasieerzählung, Nacherzählung, Bildergeschichte oder Reizwortgeschichte.

Erzählungen werden in der Regel im **Präteritum** (1. Vergangenheit) verfasst.

Aufbau einer Erzählung

Sie wissen bereits, dass es verschiedene Arten von Erzählungen gibt. Doch ob Ihr Kind nun eine Erlebniserzählung oder eine Bildergeschichte schreiben muss – alle erzählenden Aufsatzformen orientieren sich an folgendem Aufbauschema:

➡ *siehe Eintrag „Epik"* (S. 56 ff.)

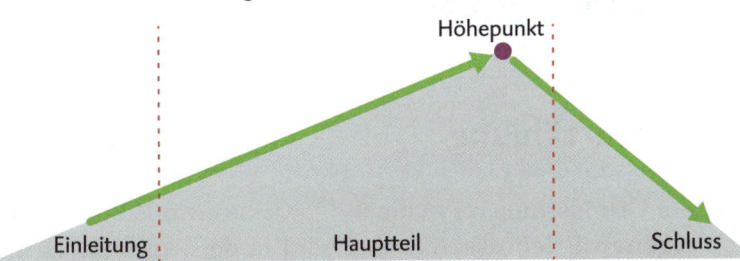

Einleitung	Hauptteil mit Höhepunkt	Schluss
Vorstellung der Hauptfigur(en), Ort und Zeit der Geschichte	Entfaltung der Geschichte in Handlungsschritten, Ausgestaltung eines Höhepunkts	Abrundung der Geschichte oder plötzlicher Schluss

Das Schema kann man gut nutzen, um vor dem Verfassen des Aufsatzes einen **Schreibplan** zu entwerfen. So lassen sich vor dem eigentlichen Schreibprozess **Ideen ordnen und gewichten**.

Lebendig erzählen

Wer eine Geschichte erzählt, will die Zuhörer oder Leser damit **unterhalten und fesseln**. Mit den folgenden Strategien kann man genau das erreichen.

Der Aufsatz wird ...	
anschaulich,	wenn man ausmalt, wie etwas aussieht, wie sich jemand bewegt, was zu hören, riechen, schmecken, fühlen ist. Dazu eignen sich insbesondere **Adjektive** und **aussagekräftige Verben.**
lebendig,	wenn man die Personen sprechen lässt (**wörtliche Rede**).
interessant,	wenn man nicht nur vom äußeren Geschehen erzählt, sondern auch Einblick ins Innere der Person(en), in ihre **Gefühle und Gedanken** gibt (innere Handlung).
spannend,	wenn man den **Höhepunkt** des Erlebnisses **hinauszögert.**
fesselnd,	wenn man gezielt **Spannungswörter** einsetzt (z. B. plötzlich, auf einmal).

> ▶ Um die Spannung zu steigern, kann man am Höhepunkt ins **Präsens** (Gegenwart) wechseln. Man nennt dieses Stilmittel auch „szenisches Präsens". So wird der Leser noch stärker in die Geschichte einbezogen und erlebt sie, als sei er selbst dabei.

Erlebniserzählung

Von der Grundschule bis in die 6. / 7. Klasse erzählen die Kinder von **eigenen Erlebnissen**. Dabei wird in der Regel ein Thema vorgegeben, z. B. „Mein schönster Ferientag" oder „Eine unheimliche Begegnung". Wie eine Erlebniserzählung aufgebaut werden kann, zeigt der folgende **Schreibplan.**

Beispiel

Einleitung
- **Wer?** Mattis und sein kleiner Bruder Robert
- **Wo?** Waldspielplatz
- **Wann?** gegen Abend

Hauptteil mit Höhepunkt

- Jungen spielen im Wald
- Einbruch der Dunkelheit, Aufbruch der Jungen
- Entdecken von gefährlich leuchtenden Augen im Geäst:
  → Angst vor wildem Ungeheuer
- Griff nach einem Ast, um Ungeheuer abwehren zu können
- blendendes Licht einer Taschenlampe
- Erkenntnis: Kalle, der eigene Hund, und Papa sind hinter den Bäumen und suchen mit der Taschenlampe nach den beiden Jungen

Schluss

- große Erleichterung bei Mattis
- Heimweg mit Papa und Kalle

Der folgende Ausschnitt aus dem Hauptteil einer Erlebniserzählung zeigt exemplarisch, wie man eine Geschichte möglichst anschaulich und spannend schreiben und den Höhepunkt ausgestalten kann.

Textbeispiel

Auszug aus dem Hauptteil der Erlebniserzählung

Mattis und Robert waren so in ihr Spiel vertieft, dass sie gar nicht merkten, wie es allmählich Abend wurde. Die Bäume warfen gespenstische Schatten, der Waldweg war kaum noch zu erkennen. Mattis nahm den kleinen Bruder an die Hand, um mit ihm nach Hause zu gehen. Doch da kam wie aus dem Nichts ein Wesen mit gefährlich leuchtenden Augen auf sie zu. „Nein, ich darf jetzt keine Angst haben, ich muss doch den kleinen Robert schützen", dachte Mattis. Fest packte er den Ast, mit dem sie vorher gespielt hatten, um das Furcht einflößende Wesen abzuwehren. Aber auf einmal fiel ihm ein greller Lichtstrahl ins Gesicht.

Fantasieerzählung

Die Fantasieerzählung kommt vor allem in der Unterstufe vor. Im Unterschied zur Erlebniserzählung geht es jedoch nicht um authentische Erlebnisse, sondern um **erfundene Geschichten**. Mögliche Themen könnten z. B. sein: „Als ich einmal fliegen konnte", „Besuch aus dem Weltall", „Ein besonderer Tag aus dem Leben des Zirkuselefanten Bobo".

Nacherzählung

Die Nacherzählung spielt meist in den Klassen 5 bis 7 eine Rolle. Die Schüler*innen sollen dabei nicht von eigenen Erlebnissen erzählen, sondern eine bereits **existierende Geschichte nacherzählen**. Der Ausgangstext, z. B. ein Märchen, eine Kalendergeschichte, eine Kurzgeschichte, wird dazu zunächst (mehrmals) vom Lehrer vorgelesen oder schriftlich vorgelegt. Auch beim Nacherzählen gelten bestimmte Regeln, die für die Kinder z. B. so formuliert werden können:

1 | Hör gut zu! Mache dir klar, worum es geht.

2 | Achte auf Handlungsschritte, Aufbau und Höhepunkt der Geschichte. Erzähle sie in der richtigen Reihenfolge nach.

3 | Lasse nichts Wichtiges aus und erfinde nichts dazu.

4 | Erzähle in eigenen Worten. Manchmal musst du altertümliche Wörter in heutiges Deutsch übersetzen.

5 | Schreibe im selben Tempus (Zeitform) wie der Autor der Geschichte. Meist ist dies das Präteritum (einfache Vergangenheit).

Bildergeschichte / Bilderzählung

Bei dieser Aufsatzart erhalten die Kinder eine **Serie von Bildern**, die die wichtigsten Momente im Ablauf einer Handlung zeigen. Im Aufsatz müssen die Handlungsschritte (mitsamt dem Höhepunkt) miteinander verknüpft und zu einer Geschichte ausgestaltet werden. Beliebte Vorlagen sind die *Vater-und-Sohn-Geschichten* von E. O. Plauen und *Der kleine Herr Jakob*, die Sie vielleicht noch aus Ihrer eigenen Schulzeit kennen.

In Kürze

- Präteritum

- wörtliche Rede zur Wiedergabe von Aussagen und Gedanken

- anschauliche Adjektive (z. B. „entgeistert", „sprachlos") und treffende Verben (z. B. „schleichen", „flüstern")

- Wiedergabe von Gedanken und Gefühlen

- Beschreibung von Mimik und Gestik

- Schilderung von Sinneswahrnehmungen (Was hört, fühlt, schmeckt die Figur?)

- Verwendung von Spannungswörtern (z. B. „auf einmal", „plötzlich")

- langsame Steigerung der Spannung

Titelblatt des ersten Sammelbandes (1935): *Vater und Sohn, 50 lustige Streiche und Abenteuer*

Feldermodell

Was ist das?

Mit dem Feldermodell oder topologischen Modell lässt sich der Bau von Sätzen beschreiben. Das Modell geht von folgender Vorstellung aus: Im Satz sind die Satzglieder wie auf einem **Spielfeld** angeordnet. Für das **Prädikat** sind das **linke** und das **rechte Verbfeld** reserviert. Das Prädikat weist den Satzgliedern Subjekt, Objekt und Adverbial ihren Platz zu – im **Vorfeld**, **Mittelfeld** und **Nachfeld**.

Wenn das Prädikat einteilig ist, besetzt es nur das linke Verbfeld. Mehrteilige Prädikate bilden eine **Satzklammer** (auch Verbklammer): Davon spricht man, wenn sowohl linkes als auch rechtes Verbfeld besetzt sind.

Aussagesatz

Aussagesätze kommen am häufigsten vor. An den folgenden Beispielen wird ihre Struktur mithilfe des Feldermodells dargestellt.

Im **Aussagesatz** gilt für das **Prädikat:**

- Die finite Form des Verbs steht **immer an zweiter Satzgliedstelle**, im **linken Verbfeld**. Man nennt den Aussagesatz deshalb auch **Verbzweitsatz**.
- Wenn das Prädikat mehrteilig ist (Sätze 1 b, 2 a, 2 b, 3) wird auch das **rechte Verbfeld** besetzt und zwar:
  - mit einer **infiniten Verbform:** Infinitiv bei modalen Hilfsverben (Satz 1 b), Partizip II bei zusammengesetzten Zeiten (Satz 2 a) und beim Passiv (Satz 2 b);
  - mit der **Vorsilbe** eines **trennbaren Verbs** (Satz 3, „ankündigen" → „kündigt … an").

Satzklammer

	Vorfeld	linkes Verbfeld (finite Verbform)	Mittelfeld	rechtes Verbfeld (infinite Verbformen)	Nachfeld
1 a	Alle Mitspieler Subjekt	bekommen Verb im Aktiv	bestimmte Plätze Akkusativobjekt		auf dem Feld. Adverbial
1 b	Sie Subjekt	müssen modales Hilfsverb im Aktiv	bestimmte Aufgaben Akkusativobjekt	übernehmen. Infinitiv	
2 a	Das Feldermodell Akkusativobjekt	haben Hilfsverb (zur Bildung des Perfekts)	die Kinder Subjekt in der Schule Lokaladverbial	gelernt. Partizip II	
2 b	Das Feldermodell Subjekt	wird Hilfsverb „werden" (zur Bildung des Passivs)		besprochen, Partizip II	und zwar im Deutschunterricht. Ergänzung
3	Für nächste Woche Temporaladverbial	kündigt zweiteiliges / trennbares Verb, Teil 1: Verb im Aktiv	die Lehrerin Subjekt einen Test Akkusativobjekt	an, Verb, Teil 2: Vorsilbe des Verbs „ankündigen"	der benotet wird. Relativsatz

Für die Besetzung der **fünf Felder im Aussagesatz** gelten die folgenden Regeln:

- **Vorfeld** und **linkes Verbfeld** sind **immer besetzt**, die anderen Felder können frei bleiben.
- Im **Vorfeld** steht in der Regel nur eine **Art von Satzglied**, d. h. Subjekt, Objekt oder Adverbial.
- Im **Mittelfeld** können **mehrere Satzglieder** stehen.
- Das **Nachfeld** kann frei bleiben oder **ein Satzglied** enthalten. Objekte können nicht im Nachfeld stehen.

Sätze mit einem großen Mittelfeld sollte man vermeiden. Solche Sätze sind schwer verständlich, weil der Leser oder Hörer lange auf den zweiten Teil des Prädikats warten muss. Mit der Umstellprobe kann man ausprobieren, wie man das Mittelfeld entlasten und mehr Verständlichkeit erreichen kann.

Sie <u>hat</u> gestern ein sehr gutes Match im Tennisturnier ihres Heimatvereins <u>gespielt</u>.

→ Im Tennisturnier ihres Heimatvereins <u>hat</u> sie gestern ein sehr gutes Match <u>gespielt</u>.

Fragesatz

Im **Fragesatz** ändert sich die Besetzung der Felder:

- Bei **Entscheidungsfragen** (Fragen mit Ja / Nein als Antwort) bleibt das Vorfeld unbesetzt. Das **finite Verb** steht an **erster Satzgliedstelle**. Man nennt solche Sätze deshalb auch Verberstsätze (Satz 4).
- Bei **Erweiterungs-/Auskunftsfragen** (W-Fragen) steht das **finite Verb** an **zweiter Satzgliedstelle** (linke Verbklammer). Das Fragewort (*wo, wann, warum* usw.) steht an erster Stelle im Vorfeld (Satz 5).

	Vorfeld	linkes Verbfeld	Mittelfeld	rechtes Verb-feld	Nachfeld
4		Lernen	die Kinder		gern?
5	Wann	werden	sie den Test	schreiben?	

Befehls- und Aufforderungssatz

Im **Befehls- und Aufforderungssatz** ist das finite Verb ein Imperativ („Lerne!", „Lernt!"). Es steht an **erster Satzgliedstelle**, das Vorfeld bleibt unbesetzt.

	Vorfeld	linkes Verbfeld	Mittelfeld	rechtes Verb-feld	Nachfeld
6		Lernt	rechtzeitig!		
7		Sprich	die Vokabeln korrekt	aus.	

Gedichte: Analyse und Interpretation

Was ist das?

Lyrische Texte können vieldeutig sein. Um sie zu verstehen, muss man ihre Form und ihren Inhalt untersuchen, man **analysiert** und **interpretiert** sie. Im Aufsatz, der **Gedichtinterpretation**, legt man das eigene Textverständnis schriftlich dar und begründet es. Textbelege in Form von Zitaten sichern die Erkenntnisse ab. Wie bei allen Interpretationen verwendet man eine **spezielle Fachsprache**.

Gedichte lesen, verstehen und interpretieren

Im Deutschunterricht aller Klassen liest man Gedichte, trägt sie vor, lernt sie auswendig. Man tauscht sich darüber aus, wie man ein Gedicht versteht, und man interpretiert es. Als Aufsatzform kommt die Gedichtinterpretation ab Klasse 8 vor. Sie spielt bis zur Abschlussprüfung bzw. zum Abitur eine wichtige Rolle.

Beispiel

In einer 10. Klasse soll ein Sonett von ANDREAS GRYPHIUS analysiert und interpretiert werden. Die Aufgabe könnte lauten:

Analysiere und interpretiere das vorliegende Gedicht vor dem Hintergrund seiner Entstehungszeit.

Vorarbeiten:
Analyse und Deutungshypothese

Bevor der Aufsatz geschrieben wird, muss das Gedicht mehrmals genau gelesen und mit Markierungen bearbeitet werden. Man geht dabei so vor:

- **Erstes Lesen:** Man lässt das Gedicht als Ganzes wirken und hält den ersten Gesamteindruck fest.
- **Zweites Lesen (und weitere Lesedurchgänge):** Jetzt wird der Text im Detail untersucht und mithilfe von Textmarkern und Stiften bearbeitet (Hervorheben von Auffälligkeiten, Einkreisen von Schlüsselwörtern, Randnotizen, Kommentare, Fragen usw.).
- **Erneutes Lesen:** Man führt die gewonnenen Erkenntnisse zusammen und formuliert eine Deutungshypothese. Sie bildet den Ausgangspunkt für die Entfaltung der Interpretation.

In der folgenden **Checkliste** werden die wichtigsten Analyseaspekte aufgeführt.

- **Titel** des Gedichts
- **Thema, Motive, Handlung**
- **Aufbau**, z. B. Einteilung in Verse, Strophen, Refrain, Vorliegen einer bestimmten Gedichtart (z. B. Lied, Sonett)
- **Reimschema** (z. B. Kreuzreim, Paarreim, umarmender Reim) bzw. das Fehlen von Reimen
- **Metrum** (z. B. Jambus, Trochäus) und eventuelle Abweichungen davon
- **Sprecher** im Gedicht, z. B. ein **lyrisches Ich**
- **Sprache:**
  - ▸ Wortwahl, z. B. Wortfelder, Wortfamilien
  - ▸ Stilmittel, z. B. bildhafte Sprache (Metaphern, Personifikationen, Vergleiche), klangliche Mittel (z. B. Assonanzen, Alliterationen, Lautmalerei), rhetorische Figuren
  - ▸ Stilebene (einfacher oder gehobener Stil)
  - ▸ Satzbau und Satzlänge, z. B. elliptische (unvollständige) Sätze, Parataxe (Satzreihe), Hypotaxe (Satzgefüge)
- **Kontext des Gedichts**
  - ▸ Entstehungszeit, historischer Hintergrund
  - ▸ literarische Epoche
  - ▸ Autor/ Autorin
- **Deutungshypothese**

> Ausgangspunkt jeder Interpretation ist der **erste Leseeindruck:** Was sagt mir das Gedicht? Wie verstehe ich es? Warum verstehe ich es so und nicht anders? Wie verstehen es andere, z. B. Zeitgenossen des Dichters?
>
> Dieser Verstehensentwurf wird in Form einer **Deutungshypothese** schriftlich formuliert: *In dem Gedicht geht es um … / Das Gedicht handelt von … / Thema des Gedichts ist …*
>
> In der Interpretation überprüft man, wie in einer Erörterung, die **Gültigkeit der Deutungshypothese** am Text. Lässt sie sich schlüssig begründen? Welche Textmerkmale untermauern sie? Welche Beispiele (Zitate) stützen sie?

Beispiel

Tränen in schwerer Krankheit (1640)
ANDREAS GRYPHIUS (1616–1664)

Barockzeit (Pest, Krieg, Hungersnöte); Form: Sonett = 2 Quartette, 2 Terzette

1 Mir ist, ich weiß nicht wie; ich seufze für und für	a	
Ich weine Tag und Nacht, ich sitz in tausend Schmerzen	b	*lyrisches Ich*
Und tausend fürcht ich noch; die Kraft in meinem Herzen	b	*Wortfeld: Trauer*
4 Verschwindt, der Geist verschmacht', die Hände sinken mir.	a	*Wiederholung: „tausend"*
Die Wangen werden bleich, der muntern Augen Zier	a	*Vergleiche*
Vergeht gleich als der Schein der schon verbrannten Kerzen.	b	*Motiv der Vanitas*
Die Seele wird bestürmt gleichwie die See im Märzen.	b	*Ausweitung auf alle, reimloser Vers („ich");*
8 Was ist dies Leben doch, was sind wir, ihr und ich?	c	*Frage*
Was bilden wir uns ein, was wünschen wir zu haben?	d	*Wir = Kollektiv*
Itzt¹ sind wir hoch und groß und morgen schon vergraben;	d	*Antworten auf Fragen, Aufzählung*
Itzt Blumen, morgen Kot; wir sind ein Wind, ein Schaum,	e	*Gegensatz: Gegenwart – Zukunft*
12 Ein Nebel und ein Bach, ein Reif, ein Tau, ein Schatten;	f	*Metaphern aus der Natur*
Itzt was und morgen nichts, und was sind unsre Taten	f	
Als ein mit herber Angst durchaus vermischter Traum!	e	*Schlussfolgerung: Vanitas (= Vergänglichkeit alles Irdischen)*

1: Itzt = veraltet für *jetzt, in diesem Moment*

Gliederung und Ausformulierung der Interpretation

Der Interpretationsaufsatz gliedert sich in Einleitung, Hauptteil, Schluss. Es empfiehlt sich, den **Bauplan** für die drei Aufsatzteile zumindest in Stichpunkten schriftlich festzuhalten. In der Regel wird dazu eine **Gliederung** ausgearbeitet. Benotet wird dieser Schritt in der Klausur / Klassenarbeit meistens nicht.

 Eine Übersicht über wichtige Fachbegriffe finden Sie im Eintrag „Lyrik" (S. 124 ff.).

In Interpretationsaufsätzen verwendet man die Fachsprache der Literaturwissenschaft. Man spricht z. B. vom Vers (nicht: Zeile), von der Strophe (nicht: Abschnitt), vom lyrischen Ich bzw. Sprecher des Gedichts (nicht: Erzähler). Mit speziellen Fachbegriffen werden Textmerkmale präzise benannt (z. B. Jambus, Trochäus, Alliteration, Metapher).

Eltern-Tipp ❯ Eine **Liste mit Stilmitteln** wie Vokabeln zu **lernen**, kann durchaus sinnvoll sein. Im Interpretationsaufsatz kommt es aber nicht darauf an, besonders viele Stilmittel zu benennen. Vielmehr sollen zentrale Stilmittel in ihrer **Wirkung und Funktion erläutert** werden.

1. **Einleitung:**
   - Angabe zu Titel und Textart
   - Autor*in, Entstehungsjahr, Epoche
   - Thema / Aufstellen einer Deutungshypothese

2. **Hauptteil:**
   - knapper Überblick über Inhalt und formalen Aufbau des Gedichts
   - Entfaltung der Deutungshypothese
   - Verknüpfung der formalen, sprachlichen und inhaltlichen Analyseergebnisse
   - Belege (Zitate) zur Stützung der Interpretation

3. **Schluss:**
   - knappe Zusammenfassung der wesentlichen Erkenntnisse
   - eventuell begründete eigene Wertung oder / und aktueller Bezug des Gedichts

Textbeispiel

Auszug aus einer Gedichtinterpretation

Tränen in schwerer Krankheit – unter diesem Titel schrieb der barocke Dichter Andreas Gryphius im Jahr 1640, mitten im Dreißigjährigen Krieg (1618–1648), ein Sonett, in dem die Erfahrung von Schmerz, Leid und Verfall im Mittelpunkt steht. Das lyrische Ich kommt zu der Erkenntnis, dass alles irdische Leben nur trügerische Illusion ist. Einen für die Epoche typischen Ausblick auf ein besseres Jenseits bei Gott gibt es nicht.

Einleitung

Deutungshypothese

Das Sonett besteht aus vier Strophen: zwei Quartetten und zwei Terzetten. In den Quartetten geht es um das lyrische Ich und seine *Tränen in schwerer Krankheit* (s. Titel), die zum Anlass zur Reflexion über den Sinn des Lebens werden. In den Terzetten kommt das lyrische Ich zu dem Schluss, dass [...].
Reimschema und Metrum des Sonetts [...].

Hauptteil
Inhalt, Aufbau und Form

Reimschema, Metrum

Im ersten Quartett schildert das lyrische Ich seine individuellen Erfahrungen mit Schmerz, Krankheit und Vergänglichkeit. Dies zeigt sich an den zahlreichen Pronomina in der 1. Person Singular: „Mir ist" (V. 1,) „ich seufze" (V. 1), „Ich weine" (V. 2), „in meinem Herzen" (V. 3). Das Wort „ich" kommt in dieser Strophe fünfmal vor.

1. Quartett

Im zweiten Quartett steht nicht mehr das Ich mit seiner persönlichen Befindlichkeit im Zentrum, es geht jetzt ganz allgemein um den Zerfall menschlichen Lebens. Er betrifft Körper („[d]ie Wangen", V. 5), Sinne („der [...] Augen", V. 5) und sogar „[d]ie Seele" (V. 7) eines jeden Menschen, worauf die Verwendung des bestimmten Artikels hinweist. Bilder und Vergleiche verdeutlichen das Motiv der Vanitas: Das Erlöschen der Sehkraft wird mit dem „Schein der schon verbrannten Kerzen" (V. 6) verglichen, das Bild der stürmischen „See im Märzen" (V. 7) steht für die mentalen und psychischen Kämpfe angesichts von Krankheit und Tod. Die erste Hälfte des Sonetts gipfelt in einer existenziellen Frage: „Was ist dies Leben doch, was sind wir, ihr und ich?"

2. Quartett

Die Antwort darauf folgt in den beiden Terzetten mit dem Reimschema dde, ffe. Mit zwei rhetorischen Fragen (V. 9) leitet der Sprecher zu der Erkenntnis hin, dass die Bedeutung menschlichen Seins und Tuns auf Illusionen beruht. [...]

Terzette

Mit einer letzten Frage und der Antwort darauf in den Versen 13 und 14, die durch ein Enjambement verbunden sind, endet das Gedicht im Bild eines Albtraums. […]

Schluss Das Thema des Sonetts ist typisch für die Barockzeit, in der die Lebensumstände der Menschen durch Krieg, Pest, Hungersnot, aber auch durch den Glauben an ein besseres Jenseits bestimmt waren. Aus heutiger Sicht wirkt zwar die Sprache veraltet, die Bedrohung durch Krisen und Pandemien ist aber hochaktuell.

In Kürze

Für den Interpretationsaufsatz gilt:

- **Vorbereitung:** Text mehrmals lesen und bearbeiten: Kommentare, Fragen und Markierungen anbringen (Stifte, Textmarker)
- **Schreibplanung:** Mithilfe der Vorarbeiten Gliederung in Stichpunkten verfassen (Einleitung, Hauptteil, Schluss)
- **Schreibprozess:**
  - ▶ Einleitung: Vorstellung des Gedichts, evtl. Formulierung einer Deutungshypothese
  - ▶ Hauptteil: Analyse und Interpretation des Gedichts hinsichtlich Form, Sprache und Inhalt; Entfaltung, Begründung und Überprüfung der Deutungshypothese
  - ▶ Schluss: Fazit, Wertung
- **Überarbeitung und Korrektur:** Aufsatz kritisch durchlesen, Fehler korrigieren
- **Sprache:** sachliche Sprache; Fachbegriffe verwenden

Getrennt- und Zusammenschreibung

Was ist das?

Im Prinzip steht jedes Wort der deutschen Sprache für sich allein. Die **Getrenntschreibung** von Wörtern **ist die Regel**. Es gibt jedoch Fälle, bei denen zwei oder mehr Wörter eine Verbindung eingehen: Sie bilden entweder **Wortgruppen oder Zusammensetzungen**. Die richtige Schreibung – getrennt oder zusammen – wird in den meisten Fällen von Regeln bestimmt.

Verbindungen mit Verben

Verb + Verb

Wortverbindungen aus Verb + Verb werden in der Regel **getrennt** geschrieben.

*In Nominalisierungen schreibt man Wortverbindungen aus Verben **groß und zusammen**, z. B. das Sitzenbleiben.*

Ich muss <u>rechnen</u> <u>üben</u>.

Das Baby wird bald <u>sprechen</u> <u>lernen</u>.

Wollen wir <u>spazieren</u> <u>gehen</u>?

Wegen Mathe ist er <u>sitzen</u> <u>geblieben</u>.

Hat er das <u>geliehen</u> oder <u>geschenkt</u> <u>bekommen</u>?

 Sonderfall: Verb + bleiben, Verb + lassen
Bei Verbindungen mit „bleiben" und „lassen" erhält das Verb oft eine **übertragene Bedeutung**. In diesem Fall ist **sowohl Getrennt- als auch Zusammenschreibung** möglich.
sich gehen lassen / sich gehenlassen (= sich nicht beherrschen)
sitzen bleiben / sitzenbleiben (= nicht in die nächste Klasse versetzt werden)

Adjektiv + Verb

Getrennt schreibt man,
- wenn das Adjektiv **gesteigert** oder durch den Zusatz „sehr" bzw. „ganz" ergänzt werden kann;

  laut (lauter) singen; (sehr) nahe kommen, (sehr) gut gehen, (ganz) leise sprechen

- wenn das Adjektiv die **Endung -ig, -isch oder -lich** hat.

  läst**ig** fallen, übr**ig** bleiben, krit**isch** denken, freund**lich** lachen

Zusammen schreibt man, wenn aus Adjektiv und Verb ein Wort mit **neuer Gesamtbedeutung** entsteht. Dabei kann das Adjektiv seine ursprüngliche Bedeutung verlieren.

schwarzfahren (= ohne Fahrkarte fahren)

blaumachen (= den Unterricht / die Arbeit schwänzen)

krankschreiben (= bescheinigen, dass jemand krank ist)

schwerfallen (= Mühe bereiten)

richtigstellen (= korrigieren)

freisprechen (= vor Gericht für unschuldig erklären)

Nomen + Verb

*In **Nominalisierungen** schreibt man Wortverbindungen aus Nomen und Verb **groß und zusammen**, z. B. das Radfahren.*

Diese Wortverbindungen schreibt man in **der Regel getrennt**. Die Testfrage lautet: Hat das Nomen noch eine konkrete Bedeutung? Wenn ja, schreibt man getrennt!

Angst haben / machen; **Auto / Rad / Bahn** fahren; **Ski / Gefahr** laufen; **Schlange** stehen; **Klavier / Geige / Flöte** spielen usw.

Zusammen schreibt man, wenn das Nomen nicht mehr als eigenständiges Wort auftritt.

kopfstehen, **teil**haben, **stand**halten, **preis**geben

 In einigen Fällen kann man sowohl zusammen- als auch getrennt schreiben. Bei der Getrenntschreibung wird das Nomen großgeschrieben. **acht**geben / **Acht** geben, **halt**machen / **Halt** machen, **maß**halten / **Maß** halten

Adverb/Präposition + Verb

Man schreibt sie zusammen, wenn die **Hauptbetonung auf dem Adverb** bzw. der **Präposition** liegt.

Adverb + Verb: auseinándersetzen, aufeinánderprallen, zusámmenarbeiten, wíederkehren, hinterhérlaufen, voráusdeuten

Präposition + Verb: dúrcharbeiten, entgégenkommen, entlánglaufen, gegenüberliegen, zwíschenlagern

Liegt die **Betonung auf dem Verb** oder ist sie auf **beide Wörter** verteilt, wird hingegen **getrennt geschrieben**.

Die Schmerzen könnten dávon kómmen, dass …

Untrennbare Verbzusammensetzungen

Manche Verben gehen mit anderen Wörtern eine **untrennbare Zusammensetzung** ein, d. h.: Die beiden Bestandteile dieser Verbindungen stehen immer in der gleichen Reihenfolge und werden **zusammengeschrieben**.

überqueren → Ich überquere den Zebrastreifen. Er hat den Atlantik überquert.

ebenso: wetteifern (gewetteifert), nachtwandeln (genachtwandelt), schlussfolgern (geschlussfolgert), maßregeln (gemaßregelt)

Verbindungen mit dem Hilfsverb „sein"

Das Hilfsverb „sein" kann mit vielen Wörtern verbunden werden. Man schreibt diese Wortverbindungen immer getrennt.

müde sein, allein sein, aufgeregt sein, wütend sein, schade sein, beisammen sein, da sein, dabei sein, vorhanden sein

*In **Nominalisierungen** schreibt man Wortverbindungen mit „sein" **groß und zusammen**, z. B. das Alleinsein.*

Verbindungen mit Nomen

Nomen + Nomen

Nomen + Nomen + Nomen + Nomen: Im Deutschen kann man fast beliebig viele Nomen zu neuen Wörtern zusammensetzen. Diese **Komposita** werden **zusammengeschrieben**. In manchen Fällen steht zwischen den Nomen ein sogenanntes Fugenelement. Das kann ein Fugen-s sein („Verband**s**kasten"), manchmal ist es auch die Pluralendung des ersten Nomens („Held**en**tat", „Hund**e**leine"). Das Genus (grammatisches Geschlecht) des Kompositums richtet sich immer nach dem letzten Wort, dem **Grundwort**.

<u>der</u> Fernseh<u>turm</u>, <u>die</u> Aussichtsplatt<u>form</u>, <u>der</u> Treppen<u>lift</u>, <u>das</u> Ausflugs<u>schiff</u>, <u>die</u> Bodensee<u>flotte</u>

Eltern-Tipp „Donaudampfschifffahrtskapitänswitwe", „Effizienzsteigerungsprogramm", „Abschlussprüfungskorrekturverfahren" – solche Wortmonster gibt es nur im Deutschen. Erfinden Sie mit Ihren Kindern möglichst lange Wortschlangen, mündlich oder schriftlich.

Sie können …
- mit dem Kopf der Schlange (1. Wort) beginnen und reihum je ein weiteres Wort dranhängen;
- mit dem Schwanz der Schlange starten (letztes Wort = Grundwort) und reihum je ein Bestimmungswort anfügen.

Aber Vorsicht: Was dabei entsteht, kann belustigen, guter Stil ist es nicht!

Lesetipp: *Wolf Schneider: Deutsch für junge Profis. Wie man gut und lebendig schreibt*

Verbindungen mit Adjektiven

Adjektiv + Adjektiv

Ein Adjektiv kann durch ein weiteres Adjektiv näher bestimmt werden. So entstehen neue Adjektive, die man **in der Regel zusammenschreibt**.

lautstark, dunkelgrün, hellblau, nasskalt, tiefschwarz, grellgelb, hochgiftig, zartbitter

 Bei Verbindungen von **Adjektiv + Adjektiv auf isch, -ig und -lich** schreibt man getrennt, z. B. *ungewöhnlich heiter, akribisch genau, gruselig dunkel.*
Gleiches gilt für Partizipien, die vor einem Adjektiv stehen, z. B. *bezaubernd schön, beunruhigend dünn.*

Nomen + Adjektiv

Nomen können Adjektiven eine **präzisere Bedeutung** geben. Auch hier braucht man zur Wortbildung manchmal ein Fugen-s oder die Pluralform des Nomens. Das neue Adjektiv wird **zusammengeschrieben**.

bärenstark, jahrelang, küchenfertig, altersgerecht, kinderleicht, eiskalt, taghell, sternklar, blitzschnell, herzensgut

Sonderfälle

Verblasste Wortarten

Bei manchen Wortverbindungen lässt sich das erste Wort nicht mehr eindeutig einer bestimmten Wortart zuordnen. Die Verbindungen mit solchen verblassten Wortarten schreibt man zusammen, und zwar im Infinitiv, als Partizip und als Prädikat am Ende eines Nebensatzes.

fehlschlagen – fehlgeschlagen – …, dass es fehlschlägt.
Aber: Es schlägt fehl.

ebenso: heimgehen, irreführen, weismachen, preisgeben, wahrnehmen, wahrhaben

Verbindungen mit „irgend-"

Diese Wörter schreibt man ausnahmslos zusammen.

irgendein, irgendwer, irgendwann, irgendetwas, irgendwo

 Bei der Getrennt- und Zusammenschreibung sollte man sich nicht auf die Rechtschreibprüfung des Computers verlassen. Der sichere Weg zur richtigen Schreibung führt über das **Nachdenken** und das **Wörterbuch**.
Außerdem gilt: Wer viel liest und schreibt, entwickelt allmählich ein **Gefühl für Orthografie** und schreibt sozusagen automatisch richtig.

Groß- und Kleinschreibung

Was ist das?

Im Vergleich zu vielen anderen Sprachen muss man im Deutschen zwischen Groß- und Kleinschreibung unterscheiden. **Kleinschreibung** ist der **Normalfall**. Das heißt: Die meisten Wörter werden kleingeschrieben. **Großschreibung** ist der **Sonderfall**. Welche Regeln für Groß- oder Kleinschreibung gelten, wird im Folgenden erläutert.

Regeln zur Groß- und Kleinschreibung

Ob groß- oder kleingeschrieben wird, ist in folgenden Fällen klar geregelt:

- Satzanfang
  Das erste Wort eines Satzes schreibt man immer groß, ganz egal, zu welcher Wortart es gehört. Diese Regel gilt auch, wenn nach einem Doppelpunkt ein vollständiger Satz folgt.

  Sie singt gern. **M**anchmal tanzt sie sogar dazu! **W**ie findest du das? **G**roßartig! **D**a kann ich nur sagen: **I**ch bewundere sie.

- Überschriften
  Auch in Überschriften und Titeln von Büchern und Zeitungsartikeln schreibt man das erste Wort prinzipiell groß.

  Wie man unsterblich wird
  (Titel eines Romans von Sally Nicholls)

  Eine neue Macht am Markt
  (Zeitungsschlagzeile aus der Süddeutschen Zeitung vom 01./02. 08. 2020)

- Nomen und Nominalisierungen
  Nomen (Substantive) und Nominalisierungen (Substantivierungen) schreibt man im Deutschen in der Regel groß.

  Marie reitet in den **F**erien jeden **T**ag. Beim **R**eiten blüht sie auf.

- Eigennamen
  Die **Namen** von Personen, aber auch von Tieren werden **großgeschrieben**.

  Mattis und **R**obert haben einen Hund namens **K**alle.

- geografische Namen

  Geografische Namen, also Namen von Ländern, Städten, Flüssen, Landschaften, Bergen usw., werden **großgeschrieben**.

  Deutschland, Rheinland-Pfalz, Donau, Lüneburger Heide

  Artikel, Präpositionen und Konjunktionen, die in mehrteiligen geografischen Namen vorkommen, schreibt man klein.

      ◗ Achtung

  Vereinigte Staaten von Amerika, Singen am Hohentwiel

- geografische Herkunftsbezeichnungen

  Herkunftsbezeichnungen, die von geografischen Namen abgeleitet sind, schreibt man **groß**, wenn sie auf **-er** enden.

  Köln → Kölner Dom, Ulm → Ulmer Münster, Schweiz → Schweizer Schokolade, Berlin → Berliner Flughafen, Allgäu → Allgäuer Käse

  Herkunftsbezeichnungen mit der Endung **-isch** sind Adjektive. Sie werden folglich **kleingeschrieben**.

  schwäbische Spätzle, italienische Nudeln, französischer Wein

  Als Bestandteil eines Eigennamens werden sie großgeschrieben, z. B.:

      ◗ Ausnahme

  Bayerische Alpen, Spanische Reitschule, Französische Revolution

- höfliche Anrede

  Erwachsene Personen, mit denen man nicht vertraut ist, spricht man mit „Sie" an. Dieses **Höflichkeitspronomen** (3. Person) wird in seinen verschiedenen Formen immer großgeschrieben.

  Können Sie mir helfen? Geht es Ihnen gut? Soll ich Ihre Tasche tragen?

  Das **Anredepronomen** „du" (2. Person) hingegen wird **kleingeschrieben**. Nur in Briefen, Postkarten, E-Mails usw. kann man es auch großschreiben.

- Zeitangaben

  Tagezeiten und Wochentage werden **großgeschrieben**, wenn es sich um **Nomen** handelt. Man erkennt dies an den üblichen **Nomensignalen**.

  der Sonntag, am Montag, eines Freitags; bei Nacht, am Morgen, bis zum Nachmittag, in der Frühe; diesen / jeden / nächsten / letzten / kommenden Dienstag, an drei Abenden

Zeitangaben, die **Adverbien** sind, schreibt man **klein**.

heute, gestern, morgen, freitags, morgens, mittags, abends

Bei **Kombinationen** aus Adverb und Nomen wird das **Adverb kleingeschrieben**, das **Nomen groß**.

gestern Abend, heute Nacht, morgen Mittag

> Die Groß- und Kleinschreibung ist ein ausgeklügeltes Regelwerk. Wer über **grammatisches Wissen** verfügt, also z. B. Wortarten bestimmen kann, findet in den meisten Fällen die richtige Schreibweise. Großgeschriebene Wörter sind auch eine wichtige Orientierungshilfe beim Lesen von Texten.

Aus Nomen werden andere Wörter: Denominalisierung

Nomen werden in der Regel großgeschrieben. Unter bestimmten Voraussetzungen werden sie jedoch **denominalisiert**, d. h. nicht mehr als Nomen verwendet. Dann schreibt man sie **klein**, denn sie treten in der Funktion einer **anderen Wortart** auf.

Beispiele für **denominalisierte Nomen:**

Wortart	Beispiel
Adverb (oft erkennbar an der Endung -s)	anfangs, teils, morgens, werktags, beispielsweise
Adjektiv in Verbindung mit den Verben *sein / bleiben / werden*	Mir wird angst und bange. Sie ist es leid. Wer ist schuld daran?
Präposition	dank der Hilfe von … kraft seines Amtes laut Wörterbuch

➡ Siehe auch: Nomen (S. 138 ff.)   Nominalisierung (S. 141 ff.)
Adverb (S. 4 ff.)   Adjektiv (S. 1 ff.)
Präposition (S. 148 ff.)

Hören und Zuhören

Was ist das?

Zuhören ist die **Basis jeder menschlichen Kommunikation** und damit eine kulturelle Grundkompetenz. Der Hörsinn ist uns Menschen angeboren, bewusstes und zielgerichtetes Zuhören erlernen wir jedoch erst im Laufe des Lebens: wenn wir Gesprächsbeiträge anderer aufnehmen, einem Vortrag lauschen, einer Präsentation folgen usw.

Der Deutschunterricht trägt wesentlich dazu bei, Kindern und Jugendlichen eine **Gesprächskultur** zu vermitteln, die von aufmerksamem Zuhören und respektvollem Gesprächsverhalten geprägt ist.

Warum Zuhören wichtig ist

Kinder und Jugendliche wachsen in einer Welt auf, die von **Heterogenität, Globalisierung, Mediatisierung und Digitalisierung** geprägt ist. Wer zuzuhören gelernt hat, kann ...

- aus dem Überangebot akustischer Reize sinnvoll auswählen;
- Freude an Musik, Hörbüchern, gelesener Literatur entwickeln;
- Sprachen lernen;
- akustisch vermittelte Informationen verstehen, bewerten, verarbeiten und für sich nutzen;
- an Gesprächen aktiv teilnehmen;
- sich am demokratischen Diskurs konstruktiv beteiligen.

Eltern-Tipp

„Jetzt hör doch mal zu!" Mit solchen moralischen Appellen riskiert man, die Kinder zu nerven. Zielführender ist es, gemeinsam auszuloten, was das Verb *hören* und seine Zusammensetzungen alles bedeuten können: etwas *anhören*, jemanden *abhören*, etwas *überhören*, sich *verhören*, jemanden *verhören*, *weghören*, *gehören*, *gehorchen* usw. Sammeln Sie alle Zusammensetzungen aus *Vorsilbe + hören* oder *horchen* und spielen Sie mit der Familie *Tabu*. Dazu werden Kärtchen mit einem *Hören*-Wort beschriftet und verdeckt auf einen Stapel gelegt. Nun zieht der jüngste (oder älteste) Mitspieler ein Kärtchen und erklärt die Bedeutung des Wortes, ohne das Verb *hören* zu verwenden. Die anderen hören zu. Wer das richtige Wort nennen kann, zieht das nächste Kärtchen.

Warum Zuhören wichtig ist

Zuhör-Kompetenz ist im Schulalltag unerlässlich, denn das Lernen läuft oft über gesprochene Sprache. Wer in der Schule zuhört, hat mehr vom Unterricht und reduziert seine Arbeitsbelastung zu Hause. Von der Grundschule bis zur 10. Klasse und darüber hinaus üben Schülerinnen und Schüler ein, wie sie ...

- **Gesprächen aufmerksam folgen können:**

  Beispiel Unterrichtsgespräch, Interpretationsgespräch, Gruppengespräch (bei Gruppenarbeiten) usw.;

- **gesprochenen Texten konzentriert folgen können:**

  Beispiel Lehrervorträge, Präsentationen und Referate von Mitschülern, politische Reden (z. B. bei Parlamentsbesuchen oder in den Medien), Festreden (z. B. zu Schuljubiläen, Abschlussfeiern), Diskussionen (z. B. Klassendiskussion, Schülerratsdebatte), Lesungen von Autoren (z. B. bei Kinder- und Jugendbuchtagen), Podcasts (z. B. zu aktuellen Themen); Gedichtvortrag, vorgelesene literarische Texte, Hörspiele, Hörbücher;

- **ihr Verständnis von Sprechtexten durch Mitschriften und Notizen sichern können:**

  Beispiel Mitschrift eines Vortrags, Notizen zu einem Interpretationsgespräch, Protokoll zu einer Klassendiskussion; Verständnisfragen schriftlich beantworten;

- **das eigene Gesprächsverhalten und das anderer beobachten, darüber nachdenken und es bewerten können:**

  Beispiel Beobachtungsaufträge ausführen, Feedback- und Selbstreflexionsbögen kriterienbezogen ausfüllen, Gesprächsstrategien von Dramenfiguren beurteilen;

- **Gespräche und Diskussionen beobachten, moderieren und reflektieren können:**

  Beispiel Diskussionen/Debatten mit Aufgabenteilung (Diskutanten, Moderator, Experten, Beobachter) durchführen, Videoaufnahmen von Diskussionen analysieren, Rollenspiele durchführen und auswerten;

- **unangemessenes Kommunikationsverhalten erkennen, abwehren und darauf aufmerksam machen können:**

  Beispiel Erarbeitung von Gesprächs- und Diskussionsregeln, Bestimmung eines „Regelwächters", verbale Mittel des Einspruchs und Widerspruchs lernen, Metakommunikation;

- **kulturelle Unterschiede im Kommunikationsverhalten wahrnehmen und angemessen damit umgehen können:** kulturspezifische Formen der nonverbalen Kommunikation kennenlernen, z. B. Begrüßungsformen, Augenkontakt, Nähe/ Ferne; *Beispiel*

- **selbst Hörstücke gestalten können:** Auf den Seiten *https://www.hoerforscher.de, https://www.stif-tung-zuhoeren.de/projekt-und-material/earsinnig-hoeren/* werden Projekte von Schülerinnen und Schülern veröffentlicht. *Beispiel*

 Materialien und Ideen für die Hörerziehung Ihrer Kinder finden Sie auf der Website der Stiftung Zuhören, *https://www.stiftung-zuhoeren.de/* **Eltern-Tipp**

Strategien für gutes Zuhören

Sprechen und Zuhören gehören zusammen wie die beiden Seiten einer Münze. In vielen Kommunikationssituationen findet ein **ständiger Wechsel von einer Rolle in die andere** statt. Deshalb sollte jeder folgende Regel beachten: Verhalte dich als Zuhörer so respektvoll, wie du es von anderen erwartest, wenn du selbst sprichst! Und das geht so:

- **Zeige Aufmerksamkeit** für den Sprecher und das, was er oder sie zu sagen hat, z. B. durch Blickkontakt, verbale (*hm, ja, aha* usw.) und nonverbale Signale (Nicken u. Ä.).

- **Verzichte auf Nebenbeschäftigungen** wie z. B. im Buch blättern, in der Schultasche etwas suchen, Federmäppchen ordnen, etwas basteln usw.

- **Lasse dich nicht ablenken**, z. B. durch Smartphone oder Tablet, schaue nicht aus dem Fenster, blende Störfaktoren wie Nebengeräusche, Lärm usw. aus.

Wer sich beim Zuhören oft langweilt, sollte folgende Strategien anwenden:

- Lege **Papier und Stift** bereit und räume alles weg, was dich stören könnte.

- Mach dir **Notizen:** Schlüsselbegriffe, Namen, Zahlen, Visualisierungen (Pfeile, kleine Zeichnungen und Symbole), fertige eine Mindmap an, fasse Wichtiges in eigenen Worten zusammen (Paraphrasieren).

- Halte fest, was du (noch) nicht verstehst, notiere Fragen und stelle sie nach dem Vortrag bzw. Redebeitrag.

➡ Siehe auch:	Dramatische Texte: Analyse und Interpretation (S. 46 ff.)
	Argumentieren und Diskutieren (S. 13 ff.)
	Medien (S. 131 ff.)
	Präsentieren und Referate halten (S. 150 ff.)
	Protokoll (S. 159 ff.)

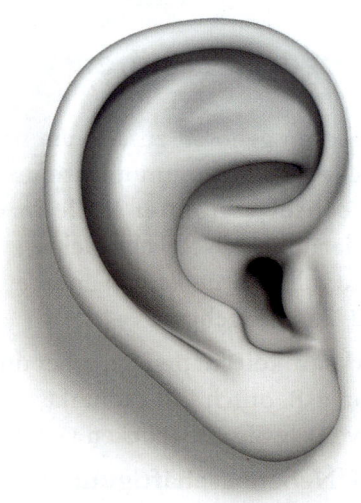

Indirekte Rede

Was ist das?

Äußerungen und Gedanken anderer kann man auf unterschiedliche Arten wiedergeben: als wörtliches Zitat (direkte Rede), als Paraphrase (Umschreibung in eigenen Worten) und in **indirekter Rede**. Durch einen Einleitungssatz mit Verben des Sagens signalisiert man dabei: Was jetzt kommt, stammt nicht von mir, ich berichte lediglich darüber, was ein anderer gesagt (oder gedacht) hat. Doppelpunkt und Anführungszeichen, die Distanzsignale der direkten Rede, werden bei der indirekten Rede nicht gesetzt. Stattdessen steht oft der **Konjunktiv**.

Verwendung der indirekten Rede

Indirekte Rede nutzen wir in vielen Situationen:

Anna hat mir erzählt, dass …

Wissenschaftler behaupten, dass …

Laut Polizeibericht seien …

Königin Elisabeth wirft Maria Stuart vor, sie habe …

Wir geben wieder, was andere gesagt, gedacht oder geschrieben haben. Die fremde Äußerung kann wortgetreu oder verkürzt wiedergegeben werden, darf aber nicht verfälscht werden.

> Die indirekte Rede spielt in vielen **Schreibaufgaben**, die sich mit Texten beschäftigen, eine wichtige Rolle. Dazu zählen insbesondere die Aufsatzarten **Inhaltsangabe** (z. B. einer Kurzgeschichte), **Interpretation** (z. B. eines Romanausschnitts, einer Dramenszene) und **Sachtextanalyse** (z. B. eines Zeitungskommentars). Der Aufsatzschreiber informiert seine Leser darüber, was im vorgelegten Text steht, gegebenenfalls unter Angabe der Quelle.

Satzbau in der indirekten Rede

Die indirekte Rede tritt in zwei Satzbau-Varianten auf:
- als **Satzgefüge** aus Hauptsatz (Einleitung der Redewiedergabe) und untergeordnetem Nebensatz (Redewiedergabe);
- als **Satzreihe** aus Hauptsatz (Einleitung der Redewiedergabe) und Hauptsatz (Redewiedergabe).

Die Redeeinleitung kann vor oder nach der Redewiedergabe stehen. Sie enthält immer ein Verb des Sagens, Fragens oder Denkens. Es zeigt an, dass man eine fremde Äußerung wiedergibt.

Aussagen in der indirekten Rede

Bei Aussagen, z. B. Behauptungen, steht die indirekte Rede oft in einem Nebensatz (NS) mit *dass*. Sie kann auch in einem Hauptsatz (HS) stehen. Dann muss das Verb in den Konjunktiv gesetzt werden.

Direkte Rede: „Ich habe Hunger."

Indirekte Rede:

1. Möglichkeit　　Er sagt, **dass** er Hunger **hat**.

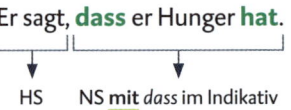

HS　　NS **mit** *dass* im Indikativ

2. Möglichkeit　　Er sagt, **dass** er Hunger **habe**.

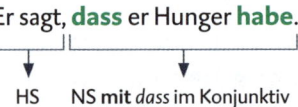

HS　　NS **mit** *dass* im Konjunktiv

3. Möglichkeit　　Er sagt, er **habe** Hunger.

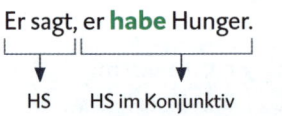

HS　　HS im Konjunktiv

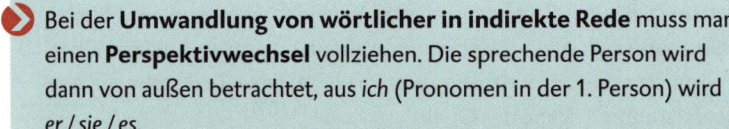

Bei der **Umwandlung von wörtlicher in indirekte Rede** muss man einen **Perspektivwechsel** vollziehen. Die sprechende Person wird dann von außen betrachtet, aus *ich* (Pronomen in der 1. Person) wird *er / sie / es*.

Auch **Anredepronomen** müssen gegebenenfalls verändert werden, z. B. „*Hast du Durst?*" → *Er fragt mich, ob ich Durst habe.*

Genauso müssen **adverbiale Bestimmungen** manchmal verändert werden, z. B. wird die Zeitangabe *morgen* zu *am nächsten Tag.*

Fragen in der indirekten Rede

Entscheidungsfragen (Ja-/Nein-Fragen) werden bei der indirekten Rede mit *ob* eingeleitet, Ergänzungsfragen mit den Fragewörtern *was, wer, wie, warum, wann, wo* usw. Das Satzschlusszeichen bei indirekten Fragen ist der Punkt.

Direkte Rede: „Gibt es bald Mittagessen?" → Entscheidungsfrage

Indirekte Rede:

Er fragt, **ob** es bald Mittagessen **gibt**.   *1. Möglichkeit*

HS   NS im Indikativ

Er fragt, **ob** es bald Mittagessen **gebe**.   *2. Möglichkeit*

HS   NS im Konjunktiv

Direkte Rede: „Wann gibt es Mittagessen?" → Ergänzungsfrage

Indirekte Rede:

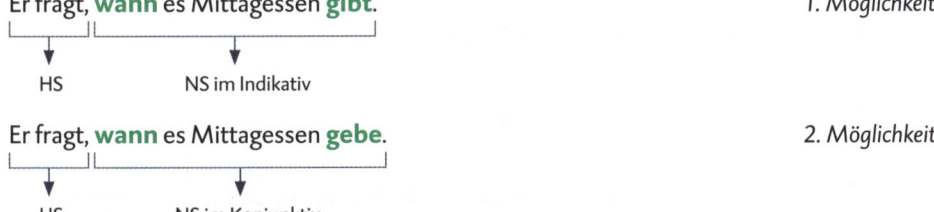

Er fragt, **wann** es Mittagessen **gibt**.   *1. Möglichkeit*

HS   NS im Indikativ

Er fragt, **wann** es Mittagessen **gebe**.   *2. Möglichkeit*

HS   NS im Konjunktiv

Befehle und Bitten in der indirekten Rede

Zu den **modalen Hilfs-verben** (Modalverben) zählen „müssen", „kön-nen", „mögen", „dürfen", „wollen" und „sollen".

Für Befehle, Bitten und Anweisungen nimmt man in direkter Rede den Imperativ. In der indirekten Rede steht das Verb hinge-gen im Infinitiv und muss um ein modales Hilfsverb erweitert werden.

Bei bestimmten redeeinleitenden Verben (z. B. *bitten, auffordern, befehlen, anordnen* usw.) wird die direkte Rede in einem Infini-tivsatz wiedergegeben.

Direkte Rede: „Deck den Tisch!"

Indirekte Rede:

1. Möglichkeit   Er sagt, **dass** ich den Tisch **decken soll / solle**.

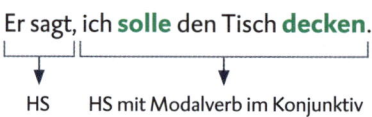

HS   NS mit Modalverb (im Indikativ **oder** Konjunktiv)

2. Möglichkeit   Er sagt, ich **solle** den Tisch **decken**.

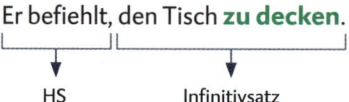

HS   HS mit Modalverb im Konjunktiv

3. Möglichkeit   Er befiehlt, den Tisch **zu decken**.

HS   Infinitivsatz

 Texte werden **präziser und abwechslungsreicher**, wenn man **unter-schiedliche Verben des Sagens** verwendet und die Position des rede-begleitenden Hauptsatzes variiert.
Sie *sagt / behauptet / berichtet / erzählt / stellt fest*, dass sie sich verliebt hat.
Wie sie ihre Hochzeit planen, *erklärt / erläutert* er seinen Eltern.

Manchmal will man den **Inhalt der fremden Äußerung** nicht neutral wiedergeben, sondern signalisieren, dass man etwas bezweifelt, für falsch oder eine Lüge hält. Mit redeeinleitenden Verben kann man dies zum Ausdruck bringen:
Er unterstellt, dass...
Er hat fälschlich behauptet, dass ...
Er macht glauben, dass ...
Er gibt vor, dass ...

⟹ Siehe auch: Inhaltsangabe (S. 95 ff.)   Modus (S. 134 ff.)

Inhaltsangabe

Was ist das?

Bei einer Inhaltsangabe geht es darum, den Inhalt eines vorgege-
benen Textes **knapp und sachlich** zusammenzufassen.
Vor allem wenn mit längeren Texten gearbeitet wird, kann man
mithilfe einer Inhaltsangabe die **wesentlichen inhaltlichen
Aspekte** herausarbeiten. So fällt es anschließend leichter, mit
dem Text weiterzuarbeiten, weil man sich schon einen guten
Überblick über den Inhalt des Textes verschafft hat. Bei vielen
Textformen in der Schule (z. B. bei der Analyse eines Sachtextes
oder einer Kurzgeschichte) wird aus diesem Grund häufig zuerst eine Inhaltsangabe gefordert, bevor vertiefende Aufgaben
zum Text bearbeitet werden.

Aufbau

Einleitung

Für jede Inhaltsangabe gilt: das Wichtigste zuerst! Alle wichtigen
Eckdaten des Textes werden deshalb in die Einleitung gepackt.
Dazu zählen:

- Titel
- Autor*in
- Textsorte
- ggf. Erscheinungsort und/oder Erscheinungsjahr
- Thema des Textes in wenigen Worten

All diese Informationen werden in nur einem Satz am Anfang
der Inhaltsangabe untergebracht, dem sogenannten Basissatz. Bei
einer Inhaltsangabe zum Märchen *Die Sterntaler* könnte der Basissatz zum Beispiel so lauten:

Beispiel

In dem Märchen „Die Sterntaler" von den Brüdern Grimm geht es um ein
Waisenmädchen, das trotz seiner Armut bedürftigen Menschen hilft und
dafür mit Goldtalern, die vom Himmel fallen, belohnt wird.

Titel / **Autor*in** / **Textsorte** / **Thema**

Hauptteil

Sobald der Basissatz steht, geht es direkt mit dem Hauptteil weiter. In diesem wird der Inhalt nun der Reihe nach zusammengefasst. Dabei sind folgende Regeln zu beachten:

chronologische Wiedergabe des Inhalts

Wichtig: Wenn der Ausgangstext nicht streng chronologisch erzählt wird (z. B. weil es Rückblenden gibt), bringt man ihn für die Inhaltsangabe immer in die richtige **zeitliche Reihenfolge**.

möglichst knappe Zusammenfassung

Auf Details wird verzichtet! Ausführliche Beschreibungen oder Detailwissen fallen in der Inhaltsangabe weg.

Wiedergabe in sachlicher, neutraler Sprache

Die eigene Meinung ist **nicht** gefragt. Der Inhalt des Textes wird sachlich und **ohne Wertung** wiedergegeben.

Zeitform: Präsens (bzw. Perfekt für vergangene Ereignisse)

Die Sterne fallen als Goldtaler vom Himmel.

Wiedergabe des Textes in eigenen Worten

Es dürfen keine Sätze oder Formulierungen aus dem Ausgangstext abgeschrieben werden.
Zitate werden in einer Inhaltsangabe immer in der indirekten Rede wiedergegeben:

Der Mann sagt zum Mädchen: „Ich bin so hungrig!" ✗
Der Mann sagt zum Mädchen, er sei hungrig. ✔

Oft ist es nicht einfach, alle Informationen unterzubringen, ohne dabei zu sehr ins Detail zu gehen. Damit das gelingt, kann man den Text, der zusammengefasst werden soll, zunächst in sogenannte Sinnabschnitte unterteilen. Das sind Abschnitte eines Textes, die inhaltlich eine Einheit bilden. Für jeden **Sinnabschnitt** wird eine passende **Zwischenüberschrift** gesucht, die den jeweiligen Absatz in wenigen Worten beschreibt. Beim Verfassen der Inhaltsangabe kann man sich dann inhaltlich an den Überschriften der Sinnabschnitte orientieren.

Sinnabschnitte können enden, wenn:
- *eine Figur auftritt oder geht;*
- *es einen Zeitsprung gibt;*
- *ein neues Thema aufkommt;*
- *der Schauplatz wechselt.*

Schluss

Eine Inhaltsangabe braucht **nicht zwingend** einen Schlussteil. Es ist jedoch denkbar, am Ende auf die Intention – also die Absicht – **des Autors** einzugehen (Was will der Autor mit seinem Text erreichen?) oder kurz die **Wirkung des Textes** zu analysieren (Was macht der Text mit mir persönlich? Welche Gedanken wirft er auf?).

 Lösung der Aufgabe

Inhaltsangabe zu „Die Sterntaler"

In dem Märchen *Die Sterntaler* von den Brüdern Grimm geht es um ein Waisenmädchen, das trotz seiner Armut bedürftigen Menschen hilft und dafür mit Goldtalern, die vom Himmel fallen, belohnt wird.

Einleitung
Basissatz

Das Mädchen ist so arm, dass es keine Wohnung mehr hat, und außer der Kleidung, die es trägt, und einem Stück Brot nichts besitzt. Als dem Mädchen ein Mann begegnet, der es bittet, ihm etwas zu essen zu geben, gibt es ihm trotzdem ohne zu zögern sein letztes Stück Brot. Auch seine Mütze und Kleidung verschenkt das Mädchen selbstlos an Bedürftige, die es darum bitten. Als es schließlich überhaupt nichts mehr hat und nackt im Wald steht, fallen die Sterne als Goldtaler vom Himmel. Das Mädchen sammelt die Taler ein und ist reich bis an sein Lebensende.

Hauptteil
Zusammenfassung des Inhalts

Die Brüder Grimm zeigen mit ihrem Märchen, dass gute Taten und selbstloses Handeln belohnt werden und dass man seinen Mitmenschen freundlich und hilfsbereit entgegentreten sollte – auch wenn man selbst gerade in einer schwierigen Situation ist.

Schluss
Intention der Autoren

In Kürze

- Präsens bzw. Perfekt (für vergangene Ereignisse)

- chronologische Reihenfolge der Handlungsschritte

- sachliche und neutrale Sprache

- indirekte Rede statt direkter Rede

- alle zentralen Handlungsschritte, aber keine unnötigen Details

- Wiedergabe der kompletten Handlung – von Anfang bis Schluss

- Formulierung in eigenen Worten

Illustration zu „Die Sterntaler" aus dem Jahr 1882

Innerer Monolog

Was ist das?

In der Literatur spricht man von Monolog, wenn Figuren mit sich selbst sprechen, z. B. in einem Drama. Der **innere Monolog** ist eine Sonderform und typisch für **erzählende Texte** (z. B. den Roman oder die Erzählung). Der Er- bzw. Sie-Erzähler lässt den Leser die unausgesprochenen Gedanken, Gefühle und Eindrücke einer Figur miterleben, und zwar unmittelbar, ohne selbst in Erscheinung zu treten. Als Stimme aus dem Off kommt der innere Monolog auch im Film vor.

Innerer Monolog als Gestaltungsmittel des personalen Erzählers

Erzählen kann man aus verschiedenen Perspektiven. Beim personalen Erzählen übernimmt der Erzähler die Sicht einer Figur: Er sieht und hört nichts anderes, weiß nicht mehr als diese Figur. Im inneren Monolog lässt er sie eine Art **stummes Selbstgespräch** führen. Nur der Leser ist Zeuge davon, den anderen Figuren der Erzählung bleibt es verborgen. Manche Texte bestehen teilweise nur aus innerem Monolog.

⟹ *Näheres zu den Erzählperspektiven finden Sie im Kapitel „Epik"* (S. 56 ff.).

Innere Monologe in einem Erzähltext kann man erkennen an:

- **unvermittelter Wechsel der Perspektive:**
  Von der 3. Person (= *er, sie*) geht der Erzähler zur 1. Person *(ich)* über. Manchmal spricht die Figur sich selbst mit *du* an (2. Person), führt also einen inneren Dialog mit sich selbst. Meistens stehen diese Passagen nicht in Anführungszeichen.

- **Tempuswechsel:**
  Bei Erzählungen im Präteritum wird ins Präsens Indikativ gewechselt. So wird die Gegenwärtigkeit der Gedanken deutlich.

- **unvollständige Sätze:**
  Die üblichen Regeln des Satzbaus werden z. T. durchbrochen. Sätze werden nicht zu Ende geführt, es gibt Wiederholungen, Gedankenfetzen und -sprünge, gerade so, wie es der Perspektivfigur in den Sinn kommt.

Beispiel

Mitten in der Mathestunde bekam sie Hunger. *Was wird es heute Mittag wohl geben? Spaghetti mit Tomatensauce?*

Für einige Minuten konnte sie dem Vortrag des Mathelehrers nicht mehr folgen. *Oje, ich höre, wie mein Magen knurrt. Ganz laut!*

 Mit dem **Gedankenblasen-Test** kann man innere Monologe gut erkennen. Wenn man Textteile innerhalb eines Erzählberichts in eine Gedankenblase schreiben könnte, handelt es sich meistens um den inneren (stillen) Monolog einer Figur.

Einen inneren Monolog schreiben

Selbst einen inneren Monolog für eine Figur zu verfassen, ist eine beliebte Aufgabe des gestaltenden Interpretierens: Ein Erzähltext wird interpretiert, indem man ihn um die **Gedanken einer Figur** erweitert. Meistens wird eine bestimmte Textstelle angegeben, an welcher der innere Monolog einsetzen soll.

Beispiel

In der bekannten Kurzgeschichte *Spaghetti für zwei* von Federica de Cesco geht es um eine Verwechslung, die sich in einem Selbstbedienungsrestaurant abspielt. Der Schweizer Schüler Heinz isst eine Suppe, muss aber seinen Tisch noch einmal verlassen, um sich einen Löffel zu holen. Als er zurückkommt, sitzt ein Schwarzer an seinem Platz und löffelt Heinz' Teller aus. Heinz will sich seinen Ärger nicht ansehen lassen und teilt die Suppe wortlos mit dem Unbekannten. Erst später, nachdem der andere einen Teller Spaghetti für sie zwei geholt hat, bemerkt Heinz seinen Irrtum. Er hat die falsche Suppe gegessen, seine Suppe steht unberührt am Nachbartisch. Die Geschichte wird weitgehend aus der Perspektive der Hauptfigur Heinz erzählt, über die Sicht des Schwarzen Marcel erfährt der Leser nichts.

In: Cesco, Federica de (1986): Freundschaft hat viele Gesichter. Stuttgart.

Eine Aufgabe zu dieser Kurzgeschichte könnte so aussehen:

Textstelle: *„Heinz erlebte den peinlichsten Augenblick seines Lebens. Am liebsten hätte er sich in ein Mauseloch verkrochen. Es vergingen zehn volle Sekunden, bis er es endlich wagte, dem Schwarzen ins Gesicht zu sehen.“*

Aufgabenstellung: Verfasse einen inneren Monolog, in dem deutlich wird, wie das Geschehen von Marcel wahrgenommen wird.

Vorbereitung des inneren Monologs

Wichtigste Voraussetzung ist die aufmerksame Lektüre des **ganzen Ausgangstextes**. Bei unserem Beispiel muss man vor allem darauf achten, was nach der angegebenen Textstelle steht.

Folgende Fragen können helfen, den inneren Monolog vorzubereiten:
- Was kennzeichnet die **Situation** der Figur an dieser Textstelle?
- Welche **Charakterzüge und Verhaltensweisen** der Figur werden deutlich?
- Wie **spricht** sie, wie **drückt** sie **sich aus**?
- Was **sieht, denkt, fühlt** und **empfindet** sie?

Verfassen des inneren Monologs

- Der innere Monolog wird aus der **Ich-Perspektive** und im **Präsens** geschrieben.
- Er muss nicht klar strukturiert sein, sondern kann Zeit- und **Gedankensprünge, Wiederholungen, Gedankenfetzen** enthalten.
- Die Sprache soll möglichst authentisch und auf die entsprechende Figur zugeschnitten sein: Dazu kann auch mit **umgangssprachlichen Ausdrücken und Wendungen** gearbeitet werden.
- **Anfang und Ende** des inneren Monologs müssen sich **in den Text** einfügen.
- Am Ende kann z. B. ein **Entschluss oder Ausblick** stehen.

Textbeispiel

Beispiel für Marcels inneren Monolog

Na, das hat ja gedauert! Jetzt merkt der Junge endlich, dass er meine Suppe gegessen hat und nicht umgekehrt. Der würde sich jetzt am liebsten irgendwo verkriechen, so peinlich ist ihm das mit mir. Ob ihm wohl Vorurteile über Asylbewerber durch den Kopf gegangen sind? Immerhin, er hat mich ja von „seiner" Suppe essen lassen. Und meine Spaghetti mitgegessen. Eigentlich witzig, diese Situation! Und gar nicht peinlich. Na ja, wenn ich in der Lage des Jungen wäre ... Pickel im Gesicht, die komischen Blicke der Leute und dann noch die Angst, als Rassist zu gelten. Jetzt muss ich ihm aber helfen. Ob er Humor hat und mit mir über die ganze Sache lachen kann? Dann könnten wir uns öfter hier treffen.

In Kürze

- Ich-Perspektive

- Präsens

- unmittelbare Schilderung von Gedanken und Gefühlen

- Zeit- und Gedankensprünge

- Wort- und Satzwiederholungen

- ggf. umgangssprachliche Ausdrücke

- unvollständige Sätze

Karikaturen analysieren

Was ist das?

Karikaturen sind **Zeichnungen**, die Menschen, Ereignisse oder Zustände mit kritischer Absicht durch den Kakao ziehen. Durch bewusste Übertreibung und Zuspitzung wollen sie den **Betrachter zum Lachen bringen**, aber auch zum **Nachdenken über Missstände und Probleme** anregen. Karikaturen kommen mit wenig Text oder ganz ohne Worte aus. Sie erscheinen in Zeitungen und Zeitschriften.

Nicht nur in Deutsch, auch im Kunst-, Politik-, Geschichts- und Religionsunterricht, werden Karikaturen analysiert.

Eins, zwei, drei – Karikaturen Schritt für Schritt analysieren

Über viele Karikaturen muss man spontan lachen oder schmunzeln, andere versteht man nicht. Aber warum? Karikaturen sind immer in einen Kontext eingebunden, den man kennen muss. Sie sprechen **politische, soziale, wirtschaftliche oder kulturelle Zusammenhänge und Hintergründe** an. Das Analysieren von Karikaturen ist also eine komplexe und vor allem sehr aktive Leseleistung.

In **drei Analyseschritten** kann man die **doppelte Botschaft** von Karikaturen herauslesen: zum einen die Aussage des Karikaturisten, zum anderen die eigene Haltung dazu. An der folgenden Karikatur aus dem Kontext Schule werden die drei Schritte exemplarisch ausgeführt.

Schritt eins: Beschreiben, was man sieht

- Welche Bildelemente sind vorhanden?
- Wie ist der Bildaufbau gestaltet (Vorder-, Mittel-, Hintergrund; oben – unten; links – rechts)?
- Welche Gegenstände, Personen, Symbole usw. sind zu sehen?
- Gibt es sprachliche Elemente (z. B. Sprechblasen, Überschriften)?

Textbeispiel

Die Karikatur besteht aus zwei Bildern. Beide Bilder zeigen eine Situation im Klassenzimmer: Links steht ein Lehrer, rechts ist die Klasse bzw. ein Teil davon zu sehen. Über den Personen gibt es jeweils ein beschriftetes Kästchen mit einfachen Zeichnungen und knappem Text darin.

Auf dem ersten (linken) Bild steht der Lehrer mit ausgestreckter Hand, geöffnetem Mund und großen Augen vor den Kindern. Dass er spricht, zeigt das Kästchen über ihm, in dem der Begriff „Lehrer" steht und ein eingeschalteter Lautsprecher zu sehen ist. In dem Kästchen über den Kindern steht „Lernen", daneben befindet sich ein ausgeschalteter An-/Aus-Knopf. Die Kinder sitzen an ihren Tischen, unterhalten sich oder schauen vor sich hin. Sie haben keinen Blickkontakt zum Lehrer.

Auf dem zweiten Bild ist der Lehrer-Lautsprecher in dem Kästchen durchgestrichen, d. h. stumm geschaltet. Der Lehrer steht mit verschränkten Armen und niedergeschlagenen Augen vor den Kindern. Bei diesen ist inzwischen der Modus „Lernen" eingeschaltet, wie das Kästchen zeigt. Von zwei Kinderköpfen laufen Linien zum Begriff „Lernen" und zurück, die zwei Kinder schauen sich an. Die anderen beiden Kinder sind in ihre Bücher vertieft.

Suchen Sie Karikaturen in der Zeitung oder im Internet, um mit Ihrem Kind das genaue Beobachten zu trainieren. Mit einem alten Spiel geht das am besten und macht auch noch Spaß:
„Ich sehe was, was du nicht siehst, und das ist … z. B. ein Gegenstand, eine Person, ein Kleidungsstück, ein Symbol usw."

Eltern-Tipp

Schritt zwei: Erklären, was man versteht

- Was ist das Thema der Karikatur?
- Auf welches Problem wird aufmerksam gemacht?
- Welche Botschaft wird vermittelt, welche Aussageabsicht steht dahinter?

Textbeispiel

Das Thema der Karikatur könnte man mit „Lehren und Lernen in der Schule" benennen. Frontalunterricht führt – so die Botschaft der Karikatur – dazu, dass zwar der Lehrer vor allem verbal sehr aktiv ist, die Schüler jedoch abschalten. Hält sich der Lehrer hingegen zurück, werden die Schüler aktiv, sie lernen auf unterschiedliche Weise, z. B. in Einzelarbeit oder im Austausch mit einem Lernpartner wie bei den zwei Kindern hinten im Bild.

Schritt drei: Formulieren, was man denkt

- Wie beurteile ich die Karikatur?
- Was denke ich selbst über das Thema bzw. Problem?
- Wie bewerte ich die Botschaft der Karikatur?

Textbeispiel

Meiner Meinung nach ist die Karikatur gelungen. Mit knappen zeichnerischen und sprachlichen Mitteln trifft sie eine typische Situation in der Schule, die manchmal in folgendem Spruch ausgedrückt wird: „Wenn alles schweigt und einer spricht, so nennt man dieses Unterricht." Die Karikatur übt aber nicht nur Kritik (1. Bild), sondern zeigt auch eine Lösung des Problems auf: Wenn Alternativen zum lehrerbestimmten Frontalunterricht geboten werden, kann das Lernen gelingen. Man muss allerdings auch einräumen, dass man auch bei einem Lehrervortrag gut lernen kann – vorausgesetzt, man gibt sich als Schüler die Mühe, aufzupassen. Diese Erfahrung habe ich selbst schon gemacht.

Stilmittel in Karikaturen

Wer regelmäßig Zeitung liest oder Cartoons anschaut, erkennt den besonderen Stil der Zeichner meist auf den ersten Blick. Die folgende Übersicht zeigt, welche Stilmittel ihnen zur Verfügung stehen.

Stilmittel	Beispiel
Übertreibung	übergroße Darstellung von Personen, Dingen, Tieren, Körperteilen
Vereinfachung	Körper und Gesichter sind auf wenige Merkmale reduziert, z. B. die Nase, die Augen.
Verfremdung	Etwas Bekanntes wird unüblich dargestellt, z. B. ein Gesicht verzerrt, Proportionen verkehrt.
Zeichen und Symbole	Beutel (= Geld), Krone (= Macht), Herz (= Gefühl); Piktogramme (z. B. für Mann / Frau); Verkehrszeichen (z. B. für Stopp, Einbahnstraße)
Personifikation	Tiere mit menschlichen Zügen (Ratte = gierig, Elster = diebisch, Esel = dumm); Naturphänomene und Abstrakta mit menschlichen Eigenschaften (z. B. der Himmel weint, das Glück lacht)
nationale Persönlichkeit	der deutsche Michel, Germania, Bavaria, die französische Marianne, Wilhelm Tell (Schweiz), Uncle Sam (USA)
Metapher	bildliche Darstellung von Metaphern, z. B. abschalten (beim Lernen, von der Arbeit usw.), aus allen Wolken fallen, Redefluss, Wortschwall

Kommasetzung

Was ist das?

Das Komma ist nach dem Punkt das wichtigste Satzzeichen. Es **gliedert Satzreihen, Satzgefüge und Wortgruppen**.

Sowohl beim Lesen als auch beim Schreiben von Sätzen sind Kommas (auch: Kommata) eine **wichtige Strukturierungs- und Verstehenshilfe**.

Komma in der Satzreihe (Parataxe)

Mehrere **Hauptsätze** können eine **Satzreihe** bilden. Zwischen den einzelnen Teilsätzen steht dann ein Komma.

Ich lese oft Zeitung , der Sportteil interessiert mich am meisten , das Feuilleton finde ich eher langweilig.

Kommas stehen auch in Satzreihen mit den **nebenordnenden Konjunktionen** *aber, doch, sondern, denn*.
Vor *und, oder, sowie, sowohl ... als auch, entweder ... oder* bzw. *weder ... noch* kann ein Komma stehen, es wird aber in der Regel nicht gesetzt.

Tageszeitungen berichten über Neuigkeiten aus Politik und Gesellschaft , aber Online-Zeitungen informieren schneller(,) und sie sind aktueller.

Komma im Satzgefüge (Hypotaxe)

Zwischen **Haupt- und Nebensatz** (Satzgefüge) muss **immer** ein Komma stehen. Auch mehrere Nebensätze, die voneinander abhängig sind, werden durch ein Komma getrennt.

Die Informationen einer seriösen Zeitung sind meistens zuverlässig **,**
weil sie geprüft und redaktionell bearbeitet werden **,**

Nebensatz 1

bevor sie veröffentlicht werden.

Nebensatz 2

Bei Nebensätzen, die in den Hauptsatz eingeschoben sind, stehen
zwei Kommas: eines am Anfang, das andere am Ende des Nebensatzes. Man nennt dies paariges Komma.

Die Frage **,** ob man sich lieber in Printmedien oder in den sozialen Medi-
en informieren soll **,** lässt sich nicht pauschal beantworten.

Komma in Infinitivsätzen

Infinitivergänzung /
Infinitivsatz:
Infinitiv + zu
(+ weitere Wörter)

Satzgefüge aus Hauptsatz und **Infinitivergänzung** (Infinitivsatz) sind ein Sonderfall. Infinitivsätze enthalten kein eigenes
Subjekt und müssen meist nicht durch ein Komma abgetrennt
werden. Man kann aber ein Komma setzen, wenn man die Gliederung des Satzes verdeutlichen oder Missverständnisse vermeiden möchte.

Die Deutschlehrerin empfiehlt regelmäßig Zeitung zu lesen.

Der Satz kann auf zwei Arten verstanden werden. Das Komma
sorgt für Klarheit darüber, was gemeint ist:

Die Deutschlehrerin empfiehlt **,** regelmäßig Zeitung zu lesen.

➠ Das regelmäßige Zeitunglesen wird empfohlen.

Die Deutschlehrerin empfiehlt regelmäßig **,** Zeitung zu lesen.

➠ Die Empfehlungen der Deutschlehrerin sind regelmäßig.

Es gibt **drei Fälle**, in denen zwischen Infinitivergänzung und
Hauptsatz ein Komma gesetzt werden **muss**.

Es muss ein Komma gesetzt werden, …

- wenn Infinitivsätze mit *um, ohne, statt, anstatt, außer* oder *als* eingeleitet werden;

  Im Deutschunterricht machen wir beim Projekt „KLASSE" mit **,**
  um das Medium Zeitung besser kennenzulernen.

  Infinitivsatz

- wenn durch **hinweisende Wörter**, z. B. *damit, darauf, es,* auf den Infinitivsatz Bezug genommen wird;

  Ich freue mich jeden Morgen darauf **,**
  mein Exemplar der Zeitung **zu bekommen**.

  Infinitivsatz

- wenn eine Infinitivergänzung von einem **Nomen** abhängt.

  Mein **Ziel ,** jeden Tag Zeitung **zu lesen ,** verfolge ich streng.

  Infinitivsatz

Komma in Partizipgruppen

Auch Partizipgruppen können im Satzgefüge die Funktion von Nebensätzen übernehmen. Man nennt sie dann **satzwertige Partizipien**. Im Normalfall ist die Kommasetzung fakultativ, d. h. es ist einem freigestellt, ob man ein Komma setzt oder nicht.

Partizipgruppe:
Partizip I oder II +
weitere Wörter

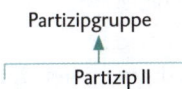

Partizipgruppe

Partizip II

Wie vereinbart(**,**) bekommen wir im Unterricht täglich eine Viertelstunde für das Zeitunglesen.

Es **muss** jedoch ein Komma gesetzt werden, wenn ...

- durch ein **hinweisendes Wort** (z. B. *so, auf diese Weise*) auf die Partizipgruppe Bezug genommen wird;
- Partizipgruppen in der Funktion von **nachgestellten Erläuterungen** auftreten.

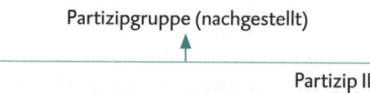

Partizipgruppe (nachgestellt)

Partizip II

So , kostenlos zur Verfügung gestellt , wird die Zeitung zu einem interessanten und aktuellen Unterrichtsmaterial.

Komma in Wortgruppen

Auch zwischen Wörtern bzw. Wortgruppen können Kommas stehen. Es gibt folgende Fälle:

- **Aufzählungen**
  In der Regel stehen Kommas zwischen den Teilen einer Aufzählung. Dies gilt auch vor den Konjunktionen *aber, jedoch, sondern, doch.* Vor *und, oder, entweder ... oder, beziehungsweise* entfällt das Komma.

  Süddeutsche , *Frankfurter Allgemeine* , *Heilbronner Nachrichten* **und** *Südkurier* sind Tageszeitungen , **aber** *Die Zeit* ist eine Wochenzeitung.

> Ein **Sonderfall** sind Aufzählungen von **Adjektiven, die vor einem Nomen** stehen. Hier steht kein Komma, wenn das letzte aufgezählte Adjektiv mit dem Nomen eine Einheit oder einen Begriff bildet.
> *Eine gute **überregionale Zeitung** hat ihren Preis.*
> Das Komma steht immer dann, wenn die Adjektive auch durch *und* aneinandergereiht werden könnten.
> *„Die Zeit" ist eine interessante,* (= und) *seriöse,* (= und) *aktuelle Zeitung.*

- **Appositionen**
  Nachgestellte nähere Bestimmungen im gleichen Kasus (Fall)
  wie das Bezugswort werden durch Komma abgetrennt.

  Apposition im Nominativ

  Reuters **,** **eine internationale Presseagentur ,** wurde 1850 in
  Deutschland gegründet und gehört heute zur Thomson Reuters Cor-
  poration **, einem kanadischen Medienkonzern .**

  Apposition im Dativ

- **Orts- und Zeitangaben**
  Angaben zu Zeit und Ort werden durch Kommas abgetrennt,
  das abschließende Komma ist optional.

  München **,** den 10. 03. 2021

  Die Redaktionskonferenz findet am Montag **,** den 09. 03. (**,**) um
  17.00 Uhr (**,**) im Chefbüro statt.

- **Anreden**
  In Dialogen, Briefen, Gesprächen wird die Anrede durch ein
  Komma abgetrennt.

  Robert , was hast du zu berichten? **Kollegen ,** hört bitte alle mal zu!
  Pass bitte auf **, Marina .** Kannst du **, Max ,** Protokoll führen?

- **Nachgestellte Erläuterungen**
  Diese werden oft mit *nämlich, und zwar, vor allem, z. B., das
  heißt* usw. eingeleitet und durch Kommas abgetrennt.

  Die überregionale Süddeutsche Zeitung kommt aus Bayern **, und
  zwar** aus München.

  > Kommaregeln zu üben sorgt bei Ihrem Kind für Verdruss? Mit folgen-   **Eltern-Tipp**
  > dem Trick wird daraus ein Spaß:
  > *Schreiben, Sie, einen, Satz, und, zwar, einen, möglichst, langen, verschach-
  > telten, aus, irgendeiner, Zeitung, heraus, aber, setzen, Sie, nach, jedem,
  > Wort, ein, Komma, und, fordern, Sie, Ihr, Kind, bzw., Ihren, Teenager, auf,
  > die, unnötigen, Kommas, zu, streichen.*
  > Auf diese Art wird schnell klar, was richtig gesetzte Kommas leisten!

➡ Siehe auch: Satzreihe und Satzgefüge (S. 177 ff.)   Verb (S. 189 ff.)

Konjunktion

Was ist das?

Konjunktionen nennt man auch Bindewörter, **weil** sie Sätze, Teilsätze **und** Wörter miteinander verknüpfen. **Obwohl** diese Wörter meist klein sind, haben sie eine große Bedeutung: Sie sind eine Art Gedankenbrücke in Texten, um auf Zusammenhänge zwischen Aussagen zu verweisen. Konjunktionen, z. B. die fett gedruckten Wörter oben, sind **nicht veränderbar**. Sie werden **kleingeschrieben**.

Bedeutung von Konjunktionen

Was wäre, **wenn** es keine Konjunktionen gäbe? Dann wäre z. B. dieser Wenn-Satz nicht möglich! **Wenn, als, ehe, weil, denn, obwohl, aber, indem, weder … noch** usw. sind unverzichtbare Wörter, um gedankliche Zusammenhänge zwischen Sätzen, Teilsätzen, Wörtern und Wortgruppen deutlich zu machen. Je nach Bedeutung dieses Zusammenhangs kann man zwischen folgenden **Typen von Konjunktionen** unterscheiden:

Typ	Zusammenhang	Beispiel
additiv	Anreihung	*und, weder … noch*
temporal	Zeitverhältnis	*als, ehe, bevor, nachdem, bis, während*
final	Zweck, Ziel	*damit, um … zu*
kausal	Grund, Ursache	*weil, da, denn*
konsekutiv	Folge, Konsequenz	*dass, sodass*
konditional	Bedingung	*falls, wenn*
konzessiv	Einräumung	*obwohl, obgleich*
modal	Umstände	*indem, wie*
adversativ	Gegensatz	*während, aber, sondern*

Die **Konjunktion *wenn*** ist mehrdeutig. Sie kann konditionale, aber auch zeitliche Zusammenhänge ausdrücken:

***Wenn** du aufpasst, machst du weniger Fehler.*
→ konditional, Bedingung

***Wenn** es läutet, ist die Stunde vorüber.*
→ temporal, Zeit

Konjunktionen im Satz

Konjunktionen sorgen für gedankliche Ordnung im Satz. Sie können **Hauptsätze aneinanderreihen** (nebenordnende Konjunktionen), z. B. durch die Konjunktion *und*, oder **Hauptsatz und Nebensatz** (unterordnende Konjunktionen) miteinander **verknüpfen**, z. B. mithilfe der Konjunktion *weil*.

Die Konjunktionen „und", „aber", „weil" werden schon von kleinen Kindern verwendet. „Dass", „obwohl", „wenn" usw. müssen oft erst bewusst gelernt und eingeübt werden.

Konjunktion			
	nebenordnend *und, aber, oder, denn usw.*	**unterordnend** *dass, wenn, weil, obwohl usw.*	
Hauptsatz + Hauptsatz	Ich bin jetzt der Prinz **und** du bist die Prinzessin!	Du musst mich erst erlösen , **weil** ich verzaubert bin.	**Hauptsatz + Nebensatz**
	Der Prinz ist mutig , **aber** er ist nicht schön.	**Obwohl** der Prinz hässlich ist , liebt ihn die Prinzessin.	
	Alle bewundern die Prinzessin , **denn** sie ist wunderschön.	Der König wünscht sich , **dass** die Prinzessin einen Mann findet , **damit** er sie verheiraten kann.	

Kommaregeln bei Konjunktionen

Wenn Sätze durch Konjunktionen miteinander verknüpft werden, müssen sie durch ein Komma getrennt werden. Bei eingeschobenen Sätzen wird das paarige Komma gesetzt: ein Komma zu Beginn und eines am Ende des eingeschobenen Satzes.

Thomas kommt heute **,** **weil** er einen Arzttermin hat **,** später in die Schule.

eingeschobener Nebensatz

➠ *siehe Kapitel „Kommasetzung" (S. 107 ff.)*

❯ **Ausnahme:** Werden zwei Hauptsätze durch die Konjunktionen *und* bzw. *oder* verbunden, muss kein Komma gesetzt werden!

Ist die passende Konjunktion gewählt, finden Sätze zueinander wie die Teile eines Puzzles.

Konsonanten

Was ist das?

Gesprochene Sprache besteht aus **Lauten**. Sie werden im Deutschen in **zwei Gruppen** eingeteilt: **Vokale** (z. B. *a, e, o*) und **Konsonanten** (z. B. *b, c, r, m, n*). Manche Konsonanten klingen gleich oder ähnlich, werden aber beim Schreiben mit unterschiedlichen Buchstaben wiedergegeben.

Es gibt einige Konsonanten, bei denen es häufig zu Rechtschreibfehlern kommt. Das sind meist die Konsonanten, die für einen Laut verschiedene Schreibweisen vorsehen.

[f]-Laut

Der Laut [f] (internationale Lautschrift) kommt oft vor, z. B. in *[f]ahrt, [f]ogel, [f]ilosophie, [f]antom*. Auch wenn der Laut immer gleich klingt, wird er im Schriftbild unterschiedlich wiedergegeben.

[f]	
f (Regelfall)	**F**ahrt, **f**liegen, **f**eucht, **f**risch
v (wenige Merkwörter)	**V**ater, **V**ogel, **v**iel, **v**ier, **v**oll Wörter mit *ver-, vor-*: **v**erraten, **v**erreisen, **v**orsingen, **V**orhang
ph (Fremdwörter, meist aus dem Griechischen)	**Ph**ilosophie, **Ph**antom, Trium**ph**

*Der Laut [f] wird in Wörtern mit den Vorsilben **vor-** oder **ver-** immer als **v** geschrieben.*

[w]-Laut

Auch für den [w]-Laut gibt es zwei Schreibweisen: *v* und *w*. Wird der Buchstabe *v* als [w] gesprochen, handelt es sich in der Regel um Wörter aus fremden Sprachen, meist aus dem Lateinischen.

[w]	
w	**W**ald, **w**andern, **w**ollen, **w**ischen, **w**er, **w**enn, **w**ann, **w**arum, Mö**w**e, Lö**w**e, Vor**w**and usw.
v	**V**ampir, **V**anille, **V**ase, **V**entilator, **V**ideo, **V**illa, **V**isum, **V**irus, **V**itamine, Pullo**v**er (engl.), Re**v**olver, Kla**v**ier, akti**v**ieren, pri**v**at usw.

[ks]-Laut

Der [ks]-Laut ist verflixt, denn für ihn gibt es fünf Schreibweisen.

Hier hilft nur eins: Man muss sich die Wörter einprägen!

[ks]	
x	He**x**e, A**x**t, Ni**x**e, Ma**x**, A**x**el, Ta**x**i, E**x**perte, e**x**trem
ks	Ke**ks**, Mur**ks**, schla**ks**ig
chs	se**chs**, Wa**chs**, O**chs**e, we**chs**eln
cks	Kle**cks**, Kni**cks**, hä**cks**eln,
gs	flu**gs**, unterwe**gs**, anfan**gs**

❯ Viele dieser Wörter sind **Merkwörter**, die man sich einprägen muss. Manchmal hilft es auch, ein verwandtes Wort zu suchen, dessen Schreibweise man kennt:
Knicks → *knicken*
unterwegs → *Weg*

Seltene Konsonanten

Wörter mit *c* und *y* sind in der deutschen Gegenwartssprache eine Rarität. In manchen Eigennamen und vielen Wörtern aus fremden Sprachen kommen sie jedoch vor:

	Eigennamen	Fremdwörter
c	Carlos, Celina, Cem, Cindy, Corinna, Marcus usw.	Camping, Cappuccino, Computer, Clown, Comic, Container, Curry usw.
y	Yvonne, Yves, Lydia	Yeti, Yen, Yoga, Ypsilon, Yucca-Palme, Baby, Hobby, Myrrhe, Xylophon

Lesestrategien

Lesestrategien oder Lesetechniken sind hilfreiche Methoden, um sich **Texte zu erschließen**, sie zu verstehen und daraus zu lernen. Wie bei allen Strategien geht man dabei planvoll vor, um ein bestimmtes Ziel zu erreichen (z. B. sich einen Überblick verschaffen, sich genau informieren).

Formen des Lesens

Menschen lesen aus unterschiedlichen Gründen und mit unterschiedlichen Absichten: Manchmal liest man, um in die fremde Welt eines Abenteuerromans abzutauchen, ein anderes Mal sucht man gezielt nach Informationen zu einem aktuellen Thema in den Medien, bisweilen liest man einen Gedicht- oder Songtext immer wieder, weil man ihn schön findet.

Grundsätzlich kann man drei Formen des Lesens unterscheiden:

- **Identifizierendes Lesen** von Romanen, Erzählungen, Comics usw. soll **unterhalten und zerstreuen**. Es findet meist privat statt, oft an Rückzugsorten wie dem eigenen Bett, der Hängematte im Garten, dem gemütlichen Lesesessel.

- **Literarisches Lesen** wird vor allem im Deutschunterricht eingeübt. Es verlangt vom Leser eine **aktive Auseinandersetzung** mit Form und Inhalt poetischer Texte (z. B. Roman, Kurzgeschichte, Drama, Gedicht). Im Unterschied zur privaten Lektüre wird über schulische Lektüren in der Klasse öffentlich gesprochen, oft auch geschrieben. Durch den **Austausch und die Diskussion** verschiedener Textdeutungen gelangt man zur Interpretation.

- **Informierendes Lesen** ist insbesondere bei **Sach- und Gebrauchstexten** (z. B. Lehrtexten, Zeitungsberichten, Kommentaren, Lexikoneinträgen) angebracht. Es erfordert die Fähigkeit, einem Text Informationen zu entnehmen und sie kritisch zu überprüfen. Informierendes Lesen ist in allen Schulfächern von Bedeutung. Denn es gilt der Grundsatz: Lernen können heißt lesen können.

Lesestrategien und Leseziele für Sachtexte in allen Fächern

Vor allem beim informierenden Lesen ist es wichtig, über passende Lesestrategien zu verfügen. Man unterscheidet:

- überfliegendes oder diagonales Lesen
- gezieltes (selektives) Lesen
- intensives Lesen
- navigierendes Lesen

> Wie viele Lernstrategien funktionieren auch Lesestrategien nach dem „wenn-dann"-Prinzip:
>
> - **Wenn** ich mir einen **Überblick über den Textinhalt** verschaffen will, **dann** muss ich den Text überfliegen.
> - **Wenn** ich eine **spezielle Information** suche, **dann** muss ich Textstellen von Interesse gezielt suchen und genauer lesen, andere nur überfliegen.
> - **Wenn** ich aus einem Text **etwas lernen** will, **dann** muss ich intensiv lesen, also genau und mehrmals, am besten mit einem Stift für Markierungen, Unterstreichungen und Anmerkungen.
> - **Wenn** ich mich in einem Text **orientieren** will (z. B. beim Recherchieren im Internet), **dann** muss ich navigieren, d. h. von Information zu Information springen, von Hyperlink zu Hyperlink, vom Text zur Fußnote und zurück usw.

Fünf-Schritt-Lesemethode

Diese Lesemethode hat sich nicht nur in der Schule bewährt. Im dreiphasigen Leseprozess (vor, während, nach dem Lesen) erschließt man sich den Text schrittweise mit unterschiedlichen Aktivitäten.

3 Phasen	5 Schritte	Tipps zur Umsetzung
Vor dem Lesen: Vorwissen aktivieren	1. **Vermutungen anstellen:** ▪ Worum könnte es gehen? ▪ Was weiß ich schon über das Thema oder Sachgebiet? ▪ Was könnte ich in dem Text dazulernen?	Überschriften, Bilder, Buchcover betrachten; Vermutungen / Ideen dazu äußern; Buchcover / Bilder zum Text selbst zeichnen
Beim Lesen: am Text arbeiten	2. **Überblick verschaffen:** ▪ Gliederung des Textes beachten ▪ Text überfliegen / zügig lesen	auf Überschriften, Zwischenüberschriften, Leerzeilen, optische Gliederung achten; besondere Wörter bewusst wahrnehmen (Fremdwörter, Fachbegriffe)
	3. **Fragen stellen:** ▪ Welche Fragen beantwortet der Text?	Fragen schriftlich notieren, z. B. am Textrand oder auf einem gesonderten Blatt
	4. **genaues und aktives Lesen:** ▪ schwierige Wörter und Textstellen klären ▪ Text in Sinnabschnitte gliedern und diese zusammenfassen ▪ wichtige Wörter und Sätze markieren	Wörter im Wörterbuch nachschlagen und / oder aus dem Kontext erschließen; schwierige Stellen mehrmals lesen; Abschnitte markieren und nummerieren; zusammenfassende Überschriften notieren; Textmarker nutzen, evtl. mehrere Farben (sparsam markieren!)
Nach dem Lesen: Textaussagen verarbeiten	5. **Hauptaussagen zusammenfassen:** ▪ mündliche bzw. schriftliche Zusammenfassung	Wörter / Begriffe sammeln, die in der Zusammenfassung auftauchen müssen; Überschriften aus Schritt 4 nutzen; Zusammenfassung einem Lernpartner vortragen; an Vermutungen und Fragen aus Schritt 1 anknüpfen

Lesevorbilder sind für Kinder sehr wichtig. Zeigen Sie, welche Rolle das Lesen in Ihrem Leben spielt. Sie können mit der Familie …

- interessante Beiträge aus Zeitungen und Zeitschriften aussuchen und vorlesen (lassen);
- Buch führen, wann, was und wie oft Sie an einem durchschnittlichen Tag lesen – von der Frühstückszeitung über E-Mails bis zur Montageanleitung für das neue Regal und zum Bestseller im Bett. Spannend wird es, wenn Sie die Ergebnisse vergleichen;
- eine Fantasiereise in ein Land unternehmen, in dem Sprache und Schrift fremd sind. Malen Sie sich aus, was Sie alles nicht lesen könnten und wie es Ihnen damit ergehen würde.

Weitere Tipps: der Weg zum guten Leser

Wenn Kinder noch Mühe mit dem Lesen und Verstehen von Texten haben, denken sie oft: „Ich kann eben nicht lesen!" Dann sollte man Strategien einsetzen, die für Erfolgserlebnisse sorgen. Die Aufmerksamkeit wird auf das gelenkt, was das Kind bereits kann, nicht auf Fehler und Defizite! Folgende Aktivitäten helfen:

- **Verstandenes markieren:** Markiere im Text, was du verstanden hast. Lies über Unverstandenes zunächst hinweg.

  ⟹ Mit dieser Strategie wird Frustration verhindert. Über die Stellen, die als „Lesebremsen" wirken, wird nach der Lektüre gesprochen, das Unverstandene wird dann geklärt.

- **Vorhersagen treffen:** Lies den ersten Abschnitt und lege den Text weg. Überlege laut: Was könnte im nächsten Abschnitt stehen?

  ⟹ Auf diese Weise wird der ganze Text erarbeitet. Wenn die Vorhersage nicht stimmt, sucht man nach Gründen dafür und liest den vorherigen Abschnitt noch einmal.

- **emotionale Beteiligung anregen:** Suche im Text eine Stelle, die dir besonders gut gefällt. Schreibe sie auf und erkläre, warum du sie gewählt hast.

  ⟹ Lesen ist keine reine Kopfsache, auch Gefühle spielen dabei eine Rolle. Diese empathische Strategie stellt einen emotionalen Bezug zum Text her und fördert die Lesefreude.

Literarische Texte

Was ist das?

Das Wort „Literatur" (von lat. *littera,* Buchstabe) steht ursprüng-lich für die **Gesamtheit alles Geschriebenen.** Im engeren Sinn meint der Begriff künstlerische Texte, beispielsweise Ge-dichte und Balladen, Märchen und Sagen, Erzählungen und Ro-mane, Tragödien und Komödien. Diese Texte entwerfen eine eigene Welt, sind also **fiktional**.

Zur Geschichte der Literatur

Dichtung gab es lange, bevor es die Schrift gab. Märchen und Lie-der, Zaubersprüche, Sprichwörter und Rätsel wurden über Jahr-hunderte **von Mund zu Mund weitergegeben**. Auch die Hel-densagen der alten Völker, z. B. der Griechen, Römer, Germanen, wurden lange Zeit mündlich überliefert. Mit der **Entwicklung einer Schriftkultur** entstanden Texte, die z. B. in Bibliotheken, später an Klöstern und Höfen handschriftlich nieder- und abge-schrieben wurden. Erst als der Buchdruck mit beweglichen Let-tern erfunden wurde (von Johannes Gutenberg), konnte das Buch zum Massenmedium werden. Diese technische Innovation führte auch zu einer zunehmenden Alphabetisierung der Bevöl-kerung.

> Über wichtige Epochen der deutschen Literatur können Sie sich in **Literaturgeschichten** informieren. Als Einstieg für junge Leser beson-ders geeignet sind das Buch „Geschichte der deutschen Literatur" von Manfred Mai (Beltz & Gelberg 2001) und die Internetseite *https://www.rossipotti.de/inhalt/literaturlexikon.html*

Ernsthafte Konkurrenz bekamen Bücher im 20. Jahrhundert durch Film, Radio und Fernsehen, im 21. Jahrhundert durch die digitalen Medien. Heutige Leser holen sich nicht nur Information aus dem Internet, sondern finden dort auch Unterhaltung, z. B. in Form von Hörbüchern, E-Books, Literaturblogs. Lesen bleibt auch im digitalen Zeitalter eine Schlüsselkompetenz, die zu mehr Wissen und zu mehr Erkenntnis über die Welt führen kann.

Motive und Stoffe der Literatur

Worum geht es in der Literatur? Ganz grob könnte man sagen: um alles, was den Menschen wichtig war, ist und sein wird. Liebe und Tod, Ängste und Hoffnungen, Krieg und Frieden sind Motive (von lat. *movere,* bewegen), die Menschen zu allen Zeiten bewegen und deshalb in der Weltliteratur immer wieder vorkommen. Wer Literatur liest, begegnet auch bestimmten Stoffen stets von Neuem: Die abenteuerlichen Irrfahrten des griechischen Helden Odysseus aus dem Epos des antiken Dichters Homer leben im 20. Jahrhundert in James Joyce' modernem Roman *Ulysses* wieder auf. Nicht nur Stoffe und Motive der Literatur sind erstaunlich wandlungsfähig, sie können und müssen von ihren Lesern auch jedes Mal neu interpretiert werden. Denn im Unterschied zu Sach- und Gebrauchstexten (z. B. eine historische Quelle, ein Fachtext, eine Zeitungsnachricht) sind literarische Texte oft mehrdeutig. Indem sie Situationen, Geschehnisse und Figuren erfinden, zeigen sie tiefere Wahrheiten über den Menschen und die Welt.

Gattungen der Literatur

Ähnlich dem Biologen, der die Tier- und Pflanzenarten einteilt, unterscheidet auch der Literaturwissenschaftler verschiedene literarische Gattungen:

- **Epische Texte** erzählen von Erlebnissen und Geschehnissen, die in der Vergangenheit liegen. Sie haben einen **Erzähler**, der dem Leser die Geschichte vermittelt. Zur Epik zählen zahlreiche Textsorten: z. B. Märchen, Fabeln, Sagen, Parabeln, Anekdoten, Romane, Novellen, Kurzgeschichten.

- **Dramatische Texte** werden hauptsächlich in **Komödien und Tragödien** unterteilt. In ihnen kommen die Figuren im **Dialog** direkt zu Wort – ohne die Vermittlung eines Erzählers. Die Botschaft eines Theaterstücks wird allerdings nicht nur vom Autor, sondern auch vom Regisseur, dem Bühnenbildner, dem Kostümbildner und vielen anderen an der Aufführung Beteiligten mitbestimmt.

- **Lyrische Texte** wurden ursprünglich zur Lyra (Leier, eine Art Gitarre) gesungen. Was ein **Gedicht** ist, erkennen schon Kinder sofort: Wenn ein Text aus Versen besteht, die mit dem Rhythmus und dem Klang der Sprache spielen, handelt es sich meist um ein Gedicht. Es gibt viele verschiedene Formen von Gedichten: z. B. Liebesgedichte, Naturgedichte, Balladen, Sonette, Oden, Songs und Lieder. Gedichte können sich reimen, aber sie müssen es nicht!

Preise für Literatur

Vom *Nobelpreis für Literatur* hat vermutlich jeder schon einmal gehört. Er gilt als der renommierteste internationale Literaturpreis und wird jährlich vergeben. Aber auch nationale Auszeichnungen sind für die Autorinnen und Autoren wichtig. Zu den bekanntesten bei uns zählen der *Deutsche Buchpreis,* der *Georg-Büchner-Preis* und der *Ingeborg-Bachmann-Preis.* Für Kinder- und Jugendbücher gibt es ebenfalls eine wichtige Auszeichnung: Der **Deutsche Jugendliteraturpreis** wird seit 1956 jährlich vergeben und ist eine wichtige Orientierungshilfe bei der Auswahl von lesenswerten literarischen Büchern, aber auch Sach- und Bilderbüchern.

 Besorgen Sie sich die **Nominierungsbroschüre** kostenlos im Internet,   **Eltern-Tipp**
um nach passender Literatur für Ihr Kind zu suchen:
https://www.jugendliteratur.org/ deutscher-jugendliteraturpreis/c-125
Sie enthält alle nominierten Titel, die Begründungen der Jury sowie Informationen zu Autoren, Illustratoren und Übersetzern. Der schön gestaltete Katalog erscheint jährlich.
Junge Erwachsene können sich auch in Literatursendungen (*Das literarische Quartett, Druckfrisch* usw.), Rezensionen in Zeitungen und Online-Portalen sowie Bestseller- (*Der Spiegel*) und Bestenlisten (*SWR*) Leseanregungen holen.
Übrigens: Damit der ökonomische Preis des Lesens nicht zu hoch wird: Melden Sie sich in einer öffentlichen Bibliothek an und nutzen Sie das vielfältige Medienangebot.

Lyrik

Lyrik ist eine der drei Großgattungen der Literatur (neben Epik und Dramatik). Der Begriff fasst alle Arten von **Gedichten, Sprüchen, Liedtexten** u. Ä. zusammen. Er stammt aus dem Griechischen und bedeutet ursprünglich „das zur Lyra (Leier) Gesungene". In lyrischen Texten drückt der Dichter Gefühle, Gedanken, Erlebnisse und Reflexionen verknappt und kunstvoll aus.

Formale Merkmale von Lyrik

Ene, Mene, Miste,
es rappelt in der Kiste.

Diesen Reim aus der Kinder-Kultserie *Rappelkiste* kennen Sie bestimmt. Er enthält eigentlich schon alles, was Lyrik in formaler Hinsicht ausmacht – nicht immer, aber oft:

- **Verse**
  Der Dichter überlässt das Ende der Textzeilen nicht der gewählten Schriftgröße und dem Seitenformat, sondern setzt den Umbruch ganz bewusst. Das letzte Wort der jeweiligen **Zeile** – des Verses – wird dadurch besonders hervorgehoben: *Miste, Kiste.* Mehrere Verse werden in Gedichten und Liedern oft in **Strophen** zusammengefasst.

- **Versmaß (Metrum)**
  Die Verse eines Gedichts sind oft gleich lang und enthalten eine bestimmte Anzahl von Silben. Betonte (x́) und unbetonte (x) Silben wechseln sich nach einem geregelten Schema ab. So entsteht eine Art **Takt**, der Metrum genannt wird. Man unterscheidet vier Metren:

Jambus	Trochäus	Daktylus	Anapäst
unbetont, betont	betont, unbetont	betont, unbetont, unbetont	unbetont, unbetont, betont
x x́	x́ x	x́ x x	x x x́
Gefühl	Kiste	Weihnachtszeit	Harmonie

- **Reime**

  Wenn Wörter vom letzten betonten Vokal an gleich klingen, reimen sie sich. Reime stehen oft am Ende des Verses (Endreim), sie können sich aber auch mittendrin befinden (Binnenreim):

  Binnenreim

  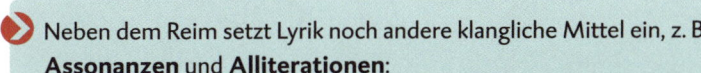

  Ene Mene Miste,   *Endreim*
  Es rappelt in der Kiste.

> Neben dem Reim setzt Lyrik noch andere klangliche Mittel ein, z. B. **Assonanzen** und **Alliterationen**:
>
> Ene, Mene, Miste = Assonanz, d. h. ein bestimmter Vokal – hier das e – kommt gehäuft vor.
>
> Mene, Miste = Alliteration, d. h. mehrere Wörter eines Verses beginnen mit demselben Buchstaben (hier: m).

⇒ *Diese und weitere* **klangliche Mittel** *finden Sie im Eintrag „Stilmittel und rhetorische Figuren" (S. 179 ff.) näher beschrieben.*

Reimschema

Reime treten in unterschiedlichen Mustern auf, die man Reimschema nennt. Man notiert sie mit Kleinbuchstaben. Anhand der folgenden Beispiele sehen Sie, wie das geht:

▸ **Paarreim: aabb**

Ene, mene, **Rätsel**,	a
wer bäckt die **Brezel**,	a
wer bäckt den **Kuchen**,	b
der muss **suchen**.	b

▸ **Kreuzreim: abab**

Die Bäume blühn, die Blüten **duften**;	a
drum findet jeder Frühling **toll**.	b
Ich kann's nicht riechen, habe **Schnupfen**!	a
Ich habe echt die Nase **voll**!	b

Quelle: © Sean Kollak, 22.04.2010, http://www.reimix.de/ mir-blueht-was-lustige-reime-ueber-heuschnupfen/

▸ **Umarmender Reim: abba**

Alle Kinder sind **zuhaus**,	a
spielen froh und **munter**.	b
Mal geht's drüber, mal geht's **drunter**,	b
und die Nachbarn flippen **aus**.	a

> Abweichend vom Alltagsgebrauch pflegt der Lyriker einen **spielerisch-kunstvollen Umgang mit der Sprache**. Er gestaltet Texte bewusst, indem er z. B. Wörter wegen ihres Klangs wählt, kombiniert oder sogar neu erfindet. Bis ins Extrem wird dies in der sog. **konkreten Poesie** getrieben: Mit dem Wort *Apfel* wird beispielsweise der Umriss eines Apfels dargestellt – und an einer Stelle steckt der *Wurm* drin.

Weitere Besonderheiten lyrischen Sprechens

Über formale Merkmale hinaus zeichnet sich Lyrik durch weitere Besonderheiten aus. Zu den wesentlichen zählen:

- **Lyrischer Sprecher**
  Er gehört zum Gedicht wie der Erzähler zum Erzähltext. Auch der lyrische Sprecher / die lyrische Sprecherin darf nicht mit dem Autor / der Autorin des Gedichts gleichgesetzt werden. So kann z. B. eine dichtende Frau aus der Perspektive eines Mannes sprechen. Wenn im Gedicht ein „Ich" vorkommt, nennt man es **lyrisches Ich**. Es teilt dem Leser / der Leserin mit, was es fühlt, wahrnimmt und denkt. Manchmal gibt es auch ein lyrisches Du, das direkt angesprochen wird.

Beispiel
Dû bist mîn / Ich bin dîn (Du bist mein / Ich bin dein)
(mittelalterliches Liebesgedicht, anonymer Verfasser)

➡ *Alle wichtigen* **sprachlichen** *Bilder finden Sie im Eintrag „Stilmittel und rhetorische Figuren" (S. 179 ff.) näher beschrieben.*

- **Bildhafte Sprache**
  Lyrisches Sprechen ist oft bildlich. In **Vergleichen**, **Bildern**, **Metaphern** und **Symbolen** lassen sich Gefühle und Stimmungen besonders gut fassen. So wird etwa das Thema *Liebe* in vielen Gedichten mit Bildern aus der Natur dargestellt.

Beispiel

Zwei Segel erhellend / Die tiefblaue Bucht! / Zwei Segel sich schwellend / Zu ruhiger Flucht!
(Conrad Ferdinand Meyer, Zwei Segel. 1882)

➡ Das Liebesgedicht nutzt das Wort „Segel" als Metapher für die Liebenden.

Gedichtarten

Auch bei Gedichten gibt es verschiedene Arten. Zu den wichtigsten gehören:

Das Lied

Lieder sind **einfach gebaute Gedichte** mit mehreren Strophen. Oft haben sie auch einen **Refrain** (Kehrreim), d. h. bestimmte Verse werden regelmäßig wiederholt. Liedtexte sind leicht zu merken (oder werden sogar zum Ohrwurm!), denn ihre Verse sind gereimt und eher kurz. Vor allem in der Epoche der **Romantik** entstanden viele Lieder, die oft auch vertont wurden.

Wem Gott will rechte Gunst erweisen   *Beispiel*
(Joseph von Eichendorff, 1823)

Das Sonett

Diese Gedichtform ist in Italien entstanden. Andreas Thalmayr beschreibt sie so: „Das Sonett besteht aus vier haarscharf gereimten Strophen und besteht aus vierzehn Zeilen, keiner mehr und keiner weniger. Und das ist noch lange nicht alles! Die beiden ersten Strophen müssen nämlich aus je vier, die beiden letzten aus je drei Versen bestehen, so streng sind hier die Bräuche.“[1] In der Fachsprache heißt das: Sonette sind aus **zwei Quartetten** und **zwei Terzetten** aufgebaut. Die Quartette reimen sich nach dem Schema *abba abba*. Bei den Terzetten kann das Reimschema variieren, häufig weisen sie das Schema *cdc dcd* oder *ccd eed* auf. Besonders beliebt war das Sonett im Zeitalter des **Barock**.

1 Andreas Thalmayr, *Lyrik nervt. Erste Hilfe für gestresste Leser.* Hanser Verlag 2004. S. 40.

Beispiel

Andreas Gryphius: Es ist alles eitel (1637)

Du siehst, wohin du siehst, nur Eitelkeit auf Erden.	a	
Was dieser heute baut, reißt jener morgen **ein**:	b	1. Strophe:
Wo jetzt noch Städte stehn, wird eine Wiese **sein**,	b	**Quartett**
Auf der ein Schäferskind wird spielen mit den Herden.	a	

Was jetzt noch prächtig blüht, soll bald zertreten **werden**.   a

Was jetzt so pocht und trotzt, ist morgen Asch' und **Bein**,   b

Nichts ist, das ewig sei, kein Erz, kein **Marmorstein**.   b

Jetzt lacht das Glück uns an, bald donnern die **Beschwerden**.   a

> 2. Strophe: **Quartett**

Der hohen Taten Ruhm muss wie ein Traum **vergehn**.   c

Soll denn das Spiel der Zeit, der leichte Mensch **bestehn**   c

Ach! Was ist alles dies, was wir für köstlich **achten**,   d

> 3. Strophe: **Terzett**

Als schlechte Nichtigkeit, als Schatten, Staub und **Wind**;   e

Als eine Wiesenblum', die man nicht wieder **find't**.   e

Noch will, was ewig ist, kein einzig Mensch **betrachten**!   d

> 4. Strophe: **Terzett**

Die Hymne

Wenn Dichter etwas **voller Begeisterung** feierlich preisen und loben, nennt man das eine Hymne. Es gibt für sie **keine formalen Regeln**, Reim und Strophengliederung fehlen, statt eines Metrums gibt es **freie Rhythmen**. Berühmt sind vor allem die Hymnen des Klassikers Johann Wolfgang von Goethe, z. B. *Ganymed*, aber auch die Romantiker liebten die Hymne.

Beispiel

Johann Wolfgang von Goethe: Ganymed (1774)

Wie im Morgenglanze
du rings mich anglühst,
Frühling, Geliebter!
Mit tausendfacher Liebeswonne
sich an mein Herz drängt
deiner ewigen Wärme
heilig Gefühl,
unendliche Schöne!

Daß ich dich fassen möcht'
in diesen Arm!
Ich komm'! Ich komme!
Wohin? Ach, wohin?
[…]

- keine formalen Regeln
- kein Reimschema
- kein Metrum (freie Rhythmen)

Die Ballade

Sie ist so etwas wie das „Urei der Poesie", sagte Johann Wolfgang von Goethe, der wie sein Kollege Friedrich Schiller selbst ein großer Fan von Balladen war. Was meint er damit? Balladen sind zwar **Gedichte** mit Versen, Strophen, Metrum, sprachlichen Bildern usw., aber sie erzählen auch eine Geschichte, haben also **epische Elemente**. Und wie im **Drama** treten Personen auf, die in Konflikte geraten. Wörtliche Rede in Form von Dialogen und Monologen machen aus vielen Balladen spannende Theaterstücke, die im Deutschunterricht gerne inszeniert werden!

Theodor Fontane (1819–1898)

J. W. von Goethe (1749–1832)

Beispiel

Theodor Fontane: Herr von Ribbeck auf Ribbeck im Havelland (1889)

Herr von Ribbeck auf Ribbeck im Havel**land**,	a
Ein Birnbaum in seinem Garten **stand**,	a
Und kam die goldene Herbstes**zeit**	b

→ Reime und Gliederung in Strophen → lyrische Elemente (Paarreim)

Und die Birnen leuchteten weit und **breit**,	b
Da stopfte, wenn's Mittag vom Turme **scholl**,	c
Der von Ribbeck sich beide Taschen **voll**,	c
Und kam in Pantinen ein Junge da**her**,	d
So rief er: „Junge, wiste 'ne **Beer**?"	d
Und kam ein Mädel, so rief er: „Lütt **Dirn**,	e
Kumm man röwer, ick hebb 'ne **Birn**."	e

[…]

→ Erzählen einer Geschichte → wie in epischen Texten

→ wörtliche Rede → wie im Drama

Eltern-Tipp Bestimmt steckt auch in Ihnen ein Dichter! Probieren Sie es zusammen mit den Kindern aus:

- Schreiben Sie **Elfchen**: Gedicht aus 11 Wörtern in 5 Verszeilen nach einem bestimmten Muster (Ihre Kinder wissen Bescheid).
- Machen Sie aus einer Liste von **fünf x-beliebigen Wörtern** (aufschreiben!) ein Gedicht. Einzige Regel: Die Wörter müssen in der richtigen Reihenfolge vorkommen!
- Suchen Sie einen **Abschnitt aus einer Erzählung**, einem Roman, einem Jugendbuch (maximal eine Seite). Verdichten Sie dieses „Sprachmaterial" zu einem Gedicht!
- Jeder denkt sich die **erste und letzte Zeile eines Gedichts** aus und schreibt sie auf ein Blatt Papier. Die fehlenden Verse / Zeilen werden nun von einem anderen Mitspieler zu einem vollständigen Gedicht ergänzt.

Viel Spaß bei Ihrem Familien-Poesie-Workshop!

Medien

Was ist das?

Unter dem Sammelbegriff **Medien** (Singular: das Medium) werden unterschiedliche **Mittel zur Weitergabe von Informationen** zusammengefasst: **Printmedien** (z. B. Bücher, Zeitungen und Zeitschriften), **auditive Medien** (z. B. Radio, Hörbuch, CD), **audiovisuelle Medien** (z. B. Fernsehen, Film, Videos), **neue Medien** (z. B. Internet, Computer, Smartphone) und **soziale Medien** (z. B. Instagram, Facebook, Snapchat).

Was ist Medienkompetenz?

In der Lebenswelt Heranwachsender spielen Medien eine wichtige Rolle. Sie **beeinflussen das Selbst- und Weltverhältnis junger Menschen** und **tragen zu ihrer Identitätsentwicklung bei**. Medienkompetenz gilt als Schlüsselqualifikation in einer multimedial geprägten Gesellschaft. Ihre Vermittlung ist eine wichtige Aufgabe aller Fächer. Der Deutschunterricht hat dabei häufig die Rolle des Leitfachs.

Medienkompetenz bezieht sich auf folgende Bereiche:

- **Medienkunde:** Man kennt unterschiedliche Medien und weiß, wie sie produziert und publiziert werden.

- **Mediennutzung:** Man nutzt Medien für seine Zwecke, z. B. zum Lernen, zur Information, zur Unterhaltung, zur Kommunikation, und reflektiert den eigenen Mediengebrauch.

- **Medienverständnis:** Man versteht, was ein Buch, ein Film, ein Bild, ein Hörspiel usw. aussagt, und kann es beschreiben, man kann Realität und Fiktion unterscheiden, Fakt und Fake auseinanderhalten.

- **Medienkritik:** Man kann Medien nach bestimmten Kriterien beurteilen, z. B. nach ästhetischer Qualität, Glaubwürdigkeit, Informationsgehalt.

- **Mediengestaltung:** Man bleibt nicht Konsument und Rezipient von Medien, sondern wird selbst aktiv und kreativ, z. B. in der Schülerzeitung, im eigenen Blog, in sozialen Netzwerken.

Medien im Deutschunterricht

Printmedien

Buch: Es ist immer noch das Leitmedium des Faches Deutsch und wird in der Regel als gedrucktes Exemplar gelesen, manchmal auch als E-Book. Dabei soll Sprach- und Lesekompetenz für Sachtexte und literarische Texte vermittelt werden. Auch die Nutzung einer Biblio- bzw. Mediathek, inklusive Recherche in Bibliothekskatalogen, ist ein wichtiges Lernziel, bei dem Eltern ihre Kinder unterstützen können.

Beispiel Deutschbücher bzw. Sprach- und Lesebücher der Verlage, Klassenlektüren; Besuch von öffentlichen Bibliotheken, Autoren-Lesungen

➡ *Eine Aufstellung der wichtigsten journalistischen Textsorten finden Sie im Eintrag „Sachtexte" (S. 165 ff.).*

Zeitungen / Zeitschriften: Im Deutschunterricht üben die Schülerinnen und Schüler einen verantwortlichen Umgang mit Zeitungen und Zeitschriften ein, d. h. sie lernen zwischen Information und Wertung zu unterscheiden. Viele Zeitungsverlage bieten kostenlose Klassensätze an, um die Medien- und Lesekompetenz der Schülerinnen und Schüler zu fördern und sie zur kritischen Auseinandersetzung mit Medieninhalten zu befähigen. Oft können die Jugendlichen auch selbst einen Beitrag gestalten und veröffentlichen.

Beispiel ZEIT für die Schule (*DIE ZEIT*), KLASSE! (Medienprojekt des *Südkurier*), Schule & Zeitung (*Süddeutsche Zeitung*), Frankfurter Allgemeine Zeitung für Deutschlands Schulen (*FAZ*)

Auditive Medien im Deutschunterricht

Die technische Entwicklung von Medien führt dazu, dass die Bedeutung auditiver Medien zunimmt: Hörbuch, Hörspiel, Podcast, Interview, Audio-Aufnahmen von Gedichten usw. ergänzen die klassischen Printmedien.

Beispiel Hörfassungen von Balladen, Novellen und Erzählungen (auch in Ausschnitten)

Eltern-Tipp Besuchen Sie schon möglichst früh mit Ihren Kindern eine Bibliothek/ Mediathek und leihen Sie Bücher, Medien und Spiele aus. Mit dem eigenen Ausweis wird der Bibliotheksbesuch zu einer guten Gewohnheit, die hilft, den Leseknick der Pubertät zu überstehen.

Audiovisuelle Medien im Deutschunterricht

Zu den audiovisuellen Medien zählen vor allem **Film und Fernsehen**. Man unterscheidet öffentlich-rechtliche (ARD, ZDF) und Privatsender (Free-TV, Pay-TV, Streaming-Dienste).

Insbesondere der Film gewinnt an Bedeutung. Zur Interpretation von Literatur kommt die **Filmanalyse** hinzu: Drehbuch, Regie, Kamera, Schnitt, Montage, Musik, Tongestaltung usw. werden untersucht, zu einzelnen Szenen wird z. B. ein Protokoll verfasst. Auch die **Verfilmung von Literatur** oder die **Filmaufnahme einer Theatervorführung** gehören zum Deutschunterricht.

Beispiel

Alles, was man über Filme wissen muss, findet man im Wissensportal der Deutschen Filmakademie: *vierundzwanzig: Das Wissensportal der Deutschen Filmakademie, vierundzwanzig.de*

Neue Medien im Deutschunterricht

Internet & Co sind aus der Lebenswelt von Jugendlichen nicht mehr wegzudenken. Durch die Corona-Pandemie steigt seit März 2020 die Bildschirmzeit weiter: Home-Schooling und hybrider Unterricht (Wechsel von Präsenz- und Online-Lernen), Video-Konferenzen mit der Klasse, virtuelle Museumsbesuche, selbstständiges Erarbeiten neuer Themen mit Erklär-Videos, Austausch im Klassen-Chat – all diese neuen Formen des Lernens enthalten Chancen, bergen aber auch Gefahren.

Wie man die Endgeräte – Computer, Tablet, Notebook, Smartphone – bedient, muss man Kindern heute nicht mehr in der Schule beibringen, wie man sie sinnvoll nutzt, umso mehr. Zur Medienkompetenz gehört, dass man **rechtliche Regelungen** kennt, die eigenen Daten und die seiner Mitmenschen zu schützen weiß, sich gegen **Cybermobbing** zur Wehr setzen kann usw. Die wichtigsten Themen der digitalen Medienerziehung werden auf der Website der EU-Initiative *klicksafe* dargestellt.

Beispiel

https://www.klicksafe.de/eltern/
https://www.klicksafe.de/eltern/gute-internetseiten-und-apps-fuer-kinder/
https://www.klicksafe.de/fuer-kinder/
https://www.internet-abc.de/lm/computer-abc.html

➡ Siehe auch: Sachtexte (S. 165 ff.)

Modus

Modus ist der Oberbegriff für die **Aussageweise** des Verbs: Der **Indikativ** sagt aus, was real und sicher ist. Der **Konjunktiv** zeigt an, dass etwas unsicher bzw. irreal oder auch möglich bzw. wünschenswert ist. Mit dem **Imperativ** erteilen wir Befehle und geben Anweisungen.

Indikativ

Der Indikativ ist die neutrale, sozusagen normale Aussageweise des Verbs. Mit ihm drücken wir aus, dass eine Aussage sicher ist und der Realität entspricht.

Beispiel

Im Winter **fahren** viele Menschen Ski.

➠ Dieser Aussage würde vermutlich niemand widersprechen. Sie entspricht der Realität.

Die Erderwärmung **ist** bedrohlich.

➠ Anders verhält es sich mit dieser Aussage. Es mag durchaus Menschen geben, die bezüglich der Bedrohlichkeit der Erderwärmung anderer Meinung sind. Durch die Verwendung des Indikativs wird die Aussage jedoch als sicher dargestellt.

Konjunktiv I

feste Wendungen mit dem Konjunktiv I:
„Komme, was wolle!"
„Es sei denn, dass …"
„Gott sei Dank!"

Der Konjunktiv I wird vor allem für die Wiedergabe fremder Gedanken oder Aussagen, z. B. in der **indirekten Rede**, verwendet. Hier sendet er ein wichtiges Distanz-Signal aus: Ich referiere bzw. zitiere die Aussage eines anderen, übernehme aber keine Verantwortung für ihren Wahrheitsgehalt. Besonders in argumentierenden Texten ist der Konjunktiv I ein wichtiges Mittel, um den Unterschied zwischen eigenen Argumenten und fremder Meinung zu verdeutlichen.

Beispiel

Klimaforscher sagen, die Erderwärmung **sei** bedrohlich.

➡ Ob die Erderwärmung wirklich bedrohlich ist, bleibt hier durch die Verwendung des Konjunktiv I offen. Es wird lediglich die Meinung eines anderen – in diesem Fall der Klimaforscher – wiedergegeben.

Man kann den Konjunktiv I auch verwenden, um einen Wunsch auszudrücken:

Möge doch endlich etwas gegen die Klimakrise getan werden!

Konjunktiv II

Mit dem Konjunktiv II drückt man aus, dass ein Geschehen nicht wirklich, sondern nur gewünscht oder gedacht ist. In der indirekten Rede zeigt der Konjunktiv II: Ich zweifle an der Richtigkeit einer Aussage!
Manche Leute sagen, die Prognosen der Forscher wären überzogen.

Beispiel

Die Klimakrise **wäre** zu bewältigen.

➡ Ob die Klimakrise tatsächlich bewältigt wird oder nicht, bleibt offen.

Es **hätte** beinahe eine Katastrophe gegeben.

➡ Letztlich ist die Katastrophe aber nicht eingetreten.
Die Aussage trifft also nicht zu.

Wenn wir öfter mit dem Fahrrad zur Schule **führen**, **könnten** wir den CO_2-Ausstoß verringern.

➡ Die Aussage entspricht nicht der Wirklichkeit oder ist unvorstellbar.

Außerdem findet der Konjunktiv II in **höflichen Frage- und Aussagesätzen** Verwendung:
Könnten wir den Bus nehmen (und nicht das Auto)?

Bildung und Formen des Konjunktivs

Konjunktiv I

Der **Konjunktiv I** wird vom **Infinitiv**, also der Grundform des Verbs abgeleitet. An den Verbstamm werden die folgenden Konjunktivendungen angehängt:

ich komm-**e**, du komm-**est**, er/sie/es komm-**e**, wir komm-**en**,
ihr komm-**et**, sie komm-**en**

 Lautet die Form des **Konjunktiv I** genauso wie der Indikativ (z. B. *sie kommen*), verwendet man in der **indirekten Rede** die entsprechende Form des **Konjunktiv II als Ersatzform** (hier: *sie kämen*).
Sie haben gesagt, sie ~~kommen~~ heute Abend.
kämen

Konjunktiv II

Der **Konjunktiv II** wird vom **Präteritum** (1. Vergangenheit) abgeleitet, die Endungen sind die gleichen wie beim Konjunktiv I:

ich spielt-**e**, du spielt-**est**, er/sie/es spielt-**e**, wir spielt-**en**,
ihr spielt-**et**, sie spielt-**en**.

Starke Verben und die **Hilfsverben** *haben, sein* und *werden* bilden den Konjunktiv II mit einem Umlaut:

kommen   → kämen
geben   → gäben
haben   → hätten
werden   → würden

 Bei vielen Verben unterscheiden sich die Formen des **Konjunktiv II** nicht vom Präteritum Indikativ (z. B. *sie spielten*). Dann können sie durch Formen mit *würde* ersetzt werden, um den Konjunktiv kenntlich zu machen:
Sie würden spielen.
Diese Ersatzform verwendet man auch bei Verben mit altertümlich wirkenden Konjunktivformen (z. B. *sie läsen, sie hülfen*).

Imperativ

Mit dem Imperativ kann man **Wünsche, Aufforderungen, Befehle** und **Verbote** ausdrücken (Befehlsform). Meistens wird er in der 2. Person (*du* bzw. *ihr*) verwendet. Der Satz braucht dann **kein Subjekt** mehr.

Fahre / Fahrt Bahn!
Stelle / Stellt den Motor aus!
Rase / Rast nicht!

Man kann den Imperativ auch in der 1. Person Plural verwenden. Dann darf auf das Subjekt *wir* jedoch nicht verzichtet werden:

Nehmen **wir** das Fahrrad!

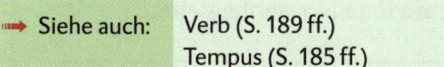 **Achtung**
Bei einigen Verben findet im Imperativ der 2. Person Singular ein Vokalwechsel statt:
geben   → gib
essen   → iss
nehmen   → nimm

⇒ Siehe auch: Verb (S. 189 ff.)   Inhaltsangabe (S. 95 ff.)
                 Tempus (S. 185 ff.)

Nomen

Was ist das?

Nomen (auch Substantive oder Hauptwörter genannt) bezeichnen **Lebewesen** (z. B. *Hund, Katze, Maus*), **Gegenstände** (z. B. *Schrank, Vase, Telefon*) oder **abstrakte Begriffe**, die man nicht greifen kann (z. B. *Liebe, Geduld, Fantasie*).

Man erkennt Nomen daran, dass sie immer großgeschrieben werden. Außerdem haben Nomen in der Regel einen Begleiter, das heißt ein Wort, das ihnen vorangeht und sie sozusagen „ankündigt" *(z. B. der Baum, eine Geduldsprobe, dieser Junge)*.

Im Deutschen gibt es verschiedene Nomenbegleiter:

Beispiel

Häufig steht zwischen dem Begleiter und dem Nomen ein Adjektiv, das das Nomen näher beschreibt.

Die **Köche** haben mit all **ihrer Kreativität** **ein** neues **Gericht** gezaubert.

Bestimmte Artikel
(der, die, das)
sind die häufigsten Nomenbegleiter.

Possessivpronomen
(mein, dein, sein, unser, euer, ihr) geben Auskunft über den Besitz/die Zugehörigkeit eines Nomens.

Der unbestimmte Artikel
(ein, eine) wird verwendet, wenn eine Sache oder Person unbekannt oder nicht näher bestimmt ist.

Dieses Gericht wird ab morgen **im Restaurant** serviert.

Demonstrativpronomen
(dieser, jener, solcher, derjenige usw.) verweisen auf eine Person oder Sache, die vorher schon einmal genannt wurde.

Hier liegt eine Verschmelzung der Präposition *in* und des Artikels *dem* (Dativform des bestimmten Artikels *das*) vor.

> Mit der Erweiterungsprobe lässt sich klären, ob ein Nomen vorliegt oder nicht. Kann man einen **Begleiter** oder ein **Adjektiv** vor das Wort setzen, handelt es sich um ein Nomen, das großgeschrieben werden muss.

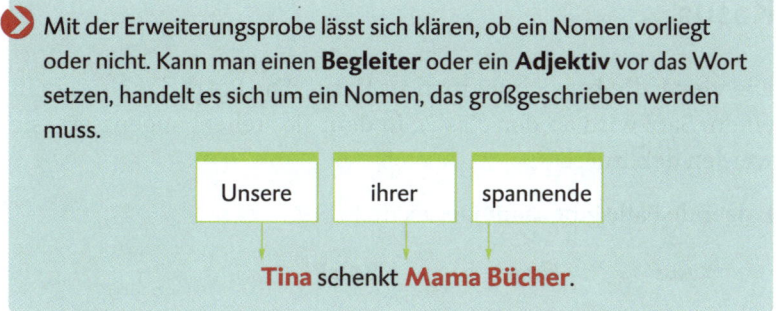

Genus

Anhand des **bestimmten Artikels** kann man erkennen, welches **Genus bzw. grammatische Geschlecht** ein Nomen hat:

Maskulinum → männliches Nomen	Femininum → weibliches Nomen	Neutrum → sachliches Nomen
der Mut, der Koch, der Turm, der Spaß	die Fantasie, die Blume, die Liebe, die Schneeflocke	das Gericht, das Haus, das Papier, das Glück

Das **grammatische Geschlecht** und das **natürliche Geschlecht** stimmen nicht zwangsweise überein. So ist ein Mädchen zwar immer weiblich, das Nomen *Mädchen* hat jedoch den Artikel *das* und ist daher laut grammatischem Geschlecht sächlich.

◖ Achtung
grammatisches Geschlecht ≠ natürliches Geschlecht

Numerus

Unter dem Numerus versteht man die **grammatische Zahl** eines Nomens. Mithilfe des Numerus wird also ausgedrückt, ob von **einem** Gegenstand bzw. Lebewesen die Rede ist oder von **mehreren**. Man unterscheidet:

Singular → Einzahl	Plural → Mehrzahl
das Gericht, der Koch, das Restaurant	die Gerichte, die Köche, die Restaurants

Kasus

Die **vier Fälle** bezeichnet man als Kasus. Die Form der Nomen in einem Satz wird an den Kasus, in dem sie stehen, angepasst – sie werden dekliniert.

Folgende Fälle gibt es im Deutschen:

Kasus	Frage	Beispiel
Nominativ (1. Fall)	Wer oder was?	<u>Der Koch</u> ist sehr müde.
Genitiv (2. Fall)	Wessen?	Die Mütze **des Kochs** sitzt schief.
Dativ (3. Fall)	Wem?	Der Kellner spricht mit **dem Koch**.
Akkusativ (4. Fall)	Wen oder was?	Der Chef weist **den Koch** zurecht.

Nur wenn die Nomen und die dazugehörigen Begleiter dekliniert werden, wird deutlich, in welcher Beziehung sie zueinander stehen. Am besten ist das an einem konkreten Beispiel zu erkennen:

Beispiel

 *nicht dekliniert*   Der Kellner bringt der Gast ein Braten.

 *dekliniert*   Der Kellner bringt **dem** Gast ein**en** Braten.

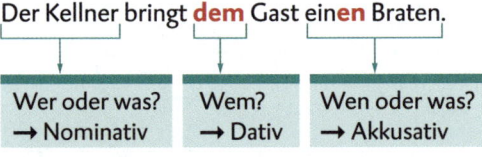

Wer oder was? → Nominativ	Wem? → Dativ	Wen oder was? → Akkusativ

Im ersten Satz wurden die Nomen nicht dekliniert. Deshalb ist er unverständlich. Dem Leser wird nicht klar, ob der Kellner dem Gast einen Braten bringt oder umgekehrt. Erst durch die Deklination der Nomen kann der Sinn des Satzes erfasst werden.

Nominalisierung

Was ist das?

Nominalisierung (Substantivierung) bedeutet, dass man Wörter, z. B. Adjektive oder Verben, genauso **wie Nomen** (Substantive) **verwendet**. Man schreibt sie dann groß. Die **Großschreibung** ist im Deutschen ein wichtiges Erkennungszeichen für Nomen und für nominalisierte Wörter.

Nominalisierung mit Nomenbegleitern

Im Prinzip lässt sich jedes Wort nominalisieren, d. h. als Nomen verwenden. Wie das Nomen wird es dann oft von einem **Begleiter** angekündigt.

Vera liebt das **Ausschlafen** am Wochenende.

⎣———▶ nominalisiertes Verb

Bei Adjektiven und Numeralen richtet sich der Begleiter nach Genus, Numerus und Kasus des nominalisierten Wortes. Bei allen anderen Wortarten ist das Genus des Begleiters immer Neutrum (*das* bzw. *ein*).

Adjektive:

schön   →   *der / di e / das Schöne* (Pl. *die Schönen*)

neu   →   *der / di e / das Neue* (Pl. *die Neuen*)

bekannt   →   *der / di e / das Bekannte* (Pl. *die Bekannten*)

Numerale:

eins   →   *die Eins*

dritte   →   *der / die / das Dritte*

Verben:

lesen   →   *das Lesen*

schreiben   →   *das Schreiben*

Adverbien:

hin und her   →   *das Hin und Her*

gegenüber   →   *das Gegenüber*

Pronomen:

du   →   *das Du*

niemand   →   *ein Niemand*

Präposition:

für und wider   →   *das Für und Wider*

Interjektionen:

aua! →   *das Aua*

Nominalisierte Wörter können die gleichen Begleiter haben wie
Nomen: Artikel, Adjektiv, Pronomen, Präposition.

Nomenbegleiter	Nominalisierte Wörter
Artikel	**Das** **Spielen** im Wildpark macht den Kindern viel Spaß. **Das** **Füttern** der Tiere ist aber verboten.
Adjektiv	Man hört überall **fröhliches** **Lachen**, **lautes** **Schreien** und ab und zu auch **zorniges** **Fluchen**.
Pronomen	Auf dem Spielplatz gibt es manchmal **etwas** **Neues**, aber oft ist **dieses** **Neue** **nichts** **Besonderes**.
Präposition	**Nach** dem **Spielen** gibt es **im Allgemeinen** etwas **zum Essen** und **zum Trinken**.

Häufig sind Präpositionen mit einem Artikel verschmolzen.
- *zum: Präposition **zu** + Artikel **dem***
- *ins: Präposition **in** + Artikel **das***

> Oft steht der Begleiter vor einer ganzen Reihe von Wörtern. In diesem Fall stellt sich die Frage: Welches Wort wird denn nun großgeschrieben? Dann bietet sich folgende Strategie an:
>
> 1. Unterstreiche den Nomenbegleiter.
> 2. Suche das Wort, das zum Nomenbegleiter gehört.
> 3. Zeichne einen Pfeilbogen zwischen beide Wörter.
> 4. Schreibe nur das Wort groß, das an der Pfeilspitze steht.
>
> Das tägliche **Lernen**, der schüchterne **Neue**

Nominalisierung ohne Nomenbegleiter

Nominalisierungen können auch ohne Begleiter stehen:

Im Park ist **Spielen** *erlaubt.*

Fahrradfahren *ohne Helm ist gefährlich.*

Auch im Alltag kann man **Schönes** *erleben.*

> Mit der Begleiterprobe findet Ihr Kind schnell heraus, ob es sich um eine Nominalisierung handelt. Wenn man einen Nomenbegleiter ergänzen kann, liegt eine Nominalisierung vor. Dann schreibt man groß.
>
> *Im Park ist (das)* **Spielen** *erlaubt.*
>
> *Auch im Alltag kann man (etwas)* **Schönes** *erleben.*

➡ Siehe auch: Nomen (S. 138 ff.)

Objekt

Was ist das?

Die Objekte (Satzergänzungen) gehören zu den **Satzgliedern**. Sie ergänzen Subjekt und Prädikat des Satzes. Man unterscheidet sie nach dem **Kasus** (Fall), in dem sie stehen.
Das **Präpositionalobjekt** ist ein Sonderfall. Es steht nach Verben, die fest mit einer Präposition verbunden sind (z. B. *denken an, warten auf*).

Typen von Objekten

Mit der Frageprobe kann man ermitteln, welcher Typ von Objekt im Satz vorliegt.

	Frageprobe	Beispiel
Genitivobjekt	Wessen (erfreute sie sich?)	Sie erfreute sich **ihres Erfolgs in Mathe**.
Dativobjekt	Wem (gab sie eine gute Note?)	Die Lehrerin gab **der Schülerin** eine gute Note.
Akkusativobjekt	Wen oder was (mag sie?)	Die Schülerin mag **das Fach Mathe**.
Präpositional-objekt	Worauf? Woran? Womit? Auf wen / was (freut sie sich?)	Sie freut sich **auf die Mathestunden**.

Das **Genitivobjekt** ist eine Art Auslaufmodell. Es ist nur noch bei wenigen Verben im Gebrauch, z. B.:

(der Opfer) gedenken

sich (einer Tat) rühmen

sich (eines Geräts) bedienen

jemanden (des Diebstahls) anklagen

Beim **Präpositionalobjekt** fordert das Verb eine ganz **bestimmte Präposition**, z. B. *sich freuen auf, sich fürchten vor, staunen über, leiden unter.*
Das Mädchen staunt über ihre guten Noten.

Bei **adverbialen Bestimmungen** hingegen kann die Präposition ausgetauscht werden, z. B.:
Wir waren aufgeregt vor / wegen / nach / während des Tests.
Je nachdem, welche Präposition in adverbialen Bestimmungen verwendet wird, ändert sich der Sinn der Aussage.

Objektsätze

Auch Nebensätze können die Rolle eines Objekts übernehmen.
Man nennt sie dann **Objektsätze**.

Beispiel

Hauptsatz	Objekt oder Objektsatz	Frageprobe
Die Lehrerin bemängelt	**Akkusativobjekt** die Unruhe in der Klasse. **Objektsatz** , dass die Klasse unruhig ist.	**Wen oder was** bemängelt die Lehrerin?
Die Kinder ärgern sich	**Präpositionalobjekt** über die schlechten Noten. **Objektsatz** , dass sie schlechte Noten haben.	**Worüber** ärgern sich die Kinder?

Prädikat

Die Stellung des Prädikats im Satz

Ein **einteiliges Prädikat** wird durch die finite Form des Verbs (Personalform) gebildet. Im **Aussagesatz** steht die Personalform des Verbs immer an zweiter Satzgliedstelle.

Ich **mag** Katzen. Manche Hunde **gefallen** mir auch.

Prädikate können auch **mehrteilig** sein, etwa bei zusammengesetzten Zeitformen oder trennbaren Verben. Dann bilden sie eine **Satzklammer**.

		linke Satzklammer		rechte Satzklammer
Das Kätzchen	**hat**	den Kindern seine Krallen	**gezeigt**.	
Die Kinder	**jagen**	dem Kätzchen	**nach**.	

➡ *zusammengesetzte Zeitform (Perfekt)*

➡ *trennbares Verb („nachjagen")*

In **Nebensätzen** (untergeordneten Teilsätzen) steht das Prädikat am **Ende des Satzes.** Nebensätze werden mit Konjunktionen (*als*, *wenn*, *weil*, *dass* usw.) oder Relativpronomen (*der*, *die*, *das*, *welche*) eingeleitet. Davor muss ein Komma stehen.

Die Kinder erschrecken, **weil / als / wenn das Kätzchen ihnen seine Krallen zeigt / gezeigt hat / zeigen wollte**.

Das Kätzchen erschrickt, **weil die Kinder ihm nachjagen**.

Die Kinder, **die das Kätzchen nicht mehr finden**, gehen nach Hause.

Im **Fragesatz** rückt das Prädikat an die **erste Satzgliedstelle**. Vor dem Verb kann auch ein Fragewort *(wo, wann)* stehen.

Erschrecken die Kinder?
Warum **erschrecken** die Kinder?

Im **Aufforderungssatz** ist das Prädikat das **erste Wort**. Es steht im Imperativ.

Jagt das Kätzchen nicht!
Pass auf!
Sei vorsichtig!

 Das Prädikat muss mit dem Subjekt des Satzes in Person und Numerus übereinstimmen. Wer Deutsch als Muttersprache spricht, bildet die **richtige Verbform** ganz **intuitiv**. Lernende des Deutschen müssen sich Regeln und Verbformen einprägen.

Bei Unsicherheiten und in Zweifelsfällen können Konjugationstabellen helfen. Diese finden Sie z. B. hier:
https://konjugator.reverso.net/konjugation-deutsch.html
https://www.scholingua.com/de/de/konjugation

Präposition

Was ist das?

Die Präposition (Verhältniswort) ist eine **Wortart**. Präpositionen drücken oft örtliche und zeitliche **Verhältnisse** aus, können aber auch begründend sein oder die Art und Weise betreffen. Präpositionen treten im Satz nie allein auf, sondern stehen vor einem Nomen oder Pronomen, auf das sie sich beziehen (Bezugswort) und dessen Kasus sie bestimmen. Sie selbst sind **nicht flektierbar** (veränderbar).

Präpositionen werden **kleingeschrieben**.

Typen von Präpositionen

Man unterscheidet die folgenden vier Typen von Präpositionen:

- **lokale Präpositionen**
  z. B. *in, auf, unter, vor, hinter, neben, über, zwischen, oberhalb*

- **temporale Präpositionen**
  z. B. *ab, nach, bis, binnen, am, um, im*

- **kausale Präpositionen**
  z. B. *aufgrund, wegen, zwecks, durch, infolge, angesichts*

- **modale Präpositionen**
  z. B. *mit, ohne, anstatt, wider, außer*

Manche Präpositionen können mit dem Artikel verschmelzen:
zu + dem
→ zum Beispiel
an + dem
→ am Montag,
in + das → ins Haus

Präpositionen lernt man am besten mit dem Kasus, den sie fordern.

unter + Dativ	→ *unter der Brücke*
bis + Akkusativ	→ *bis nächsten Dienstag*
wegen + Genitiv	→ *wegen des Staus*
mit + Dativ	→ *mit einer Freundin / mit ihr*

Auf manche Präpositionen können verschiedene Kasus folgen. Dabei ändert sich ihre Bedeutung:

Akkusativ: *Das Flugzeug fliegt **über den** Bodensee.* → wohin?

Dativ: *Der Zeppelin fährt **über dem** Bodensee.* → wo?

Aufgaben von Präpositionen

Präpositionen **verknüpfen** andere Wörter, meist Nomen oder Pronomen, zu Wortgruppen (Präpositionalgruppen). In der Regel stehen sie vor dem **Bezugswort** bzw. der Präpositionalgruppe, in seltenen Fällen auch danach (z. B. *der Jahreszeit entsprechend/gemäß*). Im Satz können Präpositionen **unterschiedliche Aufgaben** haben.

- Die Präposition ist **Bestandteil eines Adverbials**, also einer Umstandsbestimmung.

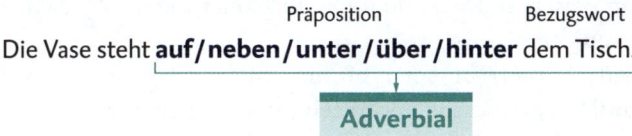

- Die Präposition ist **Bestandteil eines Attributs**.
  In der Vase **auf** dem Tisch steht ein Tulpenstrauß.

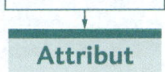

- Die Präposition **ergänzt ein Verb**. Dann hat sie meist keine eigene Bedeutung.

  Martins Freundin <u>freut sich</u> **über** die Blumen.

Präsentieren und Referate halten

Was ist das?

Präsentationen gehören zum schulischen Alltag – in allen Stufen und Fächern. Die Schülerinnen und Schüler sollen sich selbstständig **Wissen über spezielle Themen** aneignen und es strukturiert und ansprechend **darstellen** – meist vor der Klasse, manchmal vor einer Prüfungskommission. Der Anspruch an die Inhalte, die Gestaltung und den zeitlichen Umfang von Präsentationen und Referaten steigt dabei von Klasse 5 bis 13 stetig an.

Der Deutschunterricht spielt oft die Rolle des Leitfachs: Er soll Präsentationskompetenz vermitteln, die in allen Fächern, aber auch im Studium und im Berufsleben gebraucht wird.

Thema finden

Präsentationen erstellen/ Referat schreiben

Präsentation üben

Informationen besorgen

Informationen verarbeiten

Referat halten

Thema finden

Themen und Anlässe für Präsentationen gehen im Deutsch-
unterricht so schnell nicht aus. Referiert werden kann zum Bei-
spiel über:
- Jugendbücher (Sachbücher, Romane)
- Filme
- besondere Hobbys
- Leben und Werk eines Autors
- Literaturepochen
- aktuelle Themen aus den Medien
- Ergebnisse einer Gruppenarbeit

Für Referate wird meist vom Lehrer eine **Themenliste** zur Auswahl vorgegeben oder ein **Rahmenthema** gestellt, z. B. *Buchvor-
stellung (Jugendliteratur)*.

Informationen besorgen

*„Das Thema ist doch ganz easy! Alles, was ich wissen muss, steht
bei Wikipedia.“*

Vielleicht haben Sie sich solche Sprüche auch schon anhören
müssen. Natürlich ist das Internet eine mögliche Informations-
quelle. Die Informationsfülle des Internets verführt allerdings
dazu, andere, oft **zuverlässigere Quellen** zu übersehen. Je nach
Thema sollten neben dem Internet unbedingt auch andere Quel-
len herangezogen werden, z. B.:
- Lexika in Buchform oder online
- Zeitschriften, Bücher oder Filme aus einer Bibliothek in der
  Nähe (Recherche über den Bibliothekskatalog OPAC)
- Befragung von Experten

Die Basis einer guten Präsentation ist eine **breit angelegte,
gründliche und kritische Recherche**, für die man ausreichend
Zeit einplanen muss. **Quellenangaben** sollten schon während
der Recherche immer gleich notiert werden. Bei Internetquellen
ist zusätzlich darauf zu achten, stets das **Datum des Seitenauf-
rufs** zu notieren.

Die Suchmaschine Google Scholar (*www.scholar.google.de*) kann vor allem bei der **Recherche von wissenschaftlicher Literatur** sehr hilfreich sein. Sie zeigt als Ergebnisse einer Suchanfrage ausschließlich Bücher oder Paper aus Fachzeitschriften an und verlinkt diese direkt als PDF. Vor allem in der Oberstufe finden Schüler*innen so schnell wissenschaftliche Literatur für Fachreferate.

Informationen verarbeiten

„Na klar habe ich die Informationen verarbeitet. Ich habe einen Artikel bei Google gefunden und ihn ausgedruckt.“

Dass eine Suchmaschine keine Quelle ist und mit dem bloßen Ausdrucken noch keine Informationen verarbeitet sind, muss man vielen Kindern erst klarmachen.

Folgende Arbeitstechniken helfen bei einer gezielten Auswertung von Informationen:

- **Kernaussagen** mit einem Textmarker markieren und exzerpieren (d.h. in eigenen Worten zusammenfassen und aufschreiben)
- besonders **wichtige Aussagen wörtlich herausschreiben**, also als Zitate notieren (in Anführungszeichen und mit genauer Quellenangabe)
- **Material ordnen** und sich einen **Überblick** über die Themenschwerpunkte verschaffen (z.B. durch Mindmaps, Tabellen, Diagramme)
- **inhaltliche Gliederung** der Präsentation entwerfen (z.B. mithilfe von Karteikarten)

Präsentation erstellen / Referat verfassen

„Super, da mach ich eine PowerPoint- oder Prezi-Präsentation!“

Kinder und Jugendliche finden es oft schick, viele bunte Folien mit allen möglichen Animationen zu gestalten. Aber Vorsicht: Die tollste Präsentation bringt nichts, wenn der Inhalt dürftig ist.

Helfen Sie Ihrem Kind deshalb durch **klare Vorgaben oder Absprachen:**

- zur **Anzahl der Folien:** Je nach Alter der Kinder, Thema und vor allem Zeitvorgabe für die Präsentation kann die Zahl der Folien stark variieren. Im Idealfall gibt der Lehrer eine ungefähre Folienzahl vor.
- zu **Schriftgröße** und **Textmenge:** Die Folien sollten auf keinen Fall über und über voll mit Text sein. Nicht jedes Wort, das gesprochen wird, muss auf einer Folie stehen.
- zu **Layout** und **Übergängen:** Weniger ist mehr! Wenn die aufwendige Gestaltung der Folien vom eigentlichen Inhalt ablenkt, hat die Präsentation ihr Ziel verfehlt.

Ermutigen Sie – vor allem jüngere – Kinder dazu, für die Präsentation auch **andere Medien** zu nutzen. Dazu zählen z. B. ein Tafelbild, ansprechend gestaltete Plakate und Lernposter oder eine Veranschaulichung mit realen Gegenständen, z. B. Spielfiguren.

Bei der **inhaltlichen Ausarbeitung** der Präsentation oder des Referats kann man sich an folgendem Aufbau orientieren:

Einführung
Der Einstieg hat das Ziel, bei den Zuhörern für gespitzte Ohren zu sorgen! Hier lohnt es sich deshalb, das Publikum mit einer **provokanten** Frage oder einer **Karikatur** zu überraschen oder eine kurze **Videosequenz** zu zeigen. Dabei darf natürlich das Thema des Referats nicht aus dem Blick geraten, denn bevor der Hauptteil beginnt, sollte jeder wissen, worum es im folgenden Referat gehen wird.

Hauptteil
Im Hauptteil werden alle wichtigen Informationen und Details zum Thema erläutert. Dabei sollte man auf eine **sinnvolle Reihenfolge** und eine **gute Strukturierung** des Themas achten. Auch im Hauptteil gilt es, die Zuhörer mitzunehmen und die Informationen möglichst **anschaulich** aufzubereiten.

Schluss / Fazit
In der Regel wird am Ende das Wichtigste noch einmal kurz zusammengefasst: Es ist Zeit für das **Fazit**. Je nach Thema kann auch die **eigene Meinung** (etwa zu einer Lektüre) kundgetan werden.

Kleine Spickzettel (Karteikarten mit Stichworten) oder **Sprechvorlagen für den Vortrag** sind natürlich erlaubt. Für Referate muss manchmal auch ein ausformuliertes Skript verfasst und ein **Handout für die Zuhörer** vorbereitet werden.

Eltern-Tipp ❯ Manchmal kann es helfen, sich **Inspiration bei anderen** zu holen! Wenn Ihr Kind keine Idee hat, wie es die Präsentation gestalten soll, können Sie sich gemeinsam durch **YouTube** klicken. Auf der Plattform finden Sie zahlreiche interessante, lehrreiche und unterhaltsame Präsentationen zu allen möglichen Themen.

Präsentation / Referat halten

„Die Präsentation halte ich dann einfach ganz spontan.“

Lieber nicht! Alle Schüler*innen gewinnen an Sicherheit, wenn sie ihr Referat gut vorbereiten und üben. Die folgenden vier **Wegweiser zur guten Präsentation** zeigen, wie man sich professionell auf ein Referat vorbereitet:

THEMA
- gründlich erarbeiten
- klar gliedern in Einführung (10 %), Hauptteil (80 %), Schluss (10 %)
- interessant darbieten, durch Bildmaterial, rhetorische Fragen, unterhaltsame Anekdoten usw.
- Handout mit den wichtigsten Inhalten erstellen

ICH
- Vortrag üben (Spiegel, Freunde, evtl. Handykamera)
- frei, laut, langsam, deutlich sprechen
- selbstbewusst, sicher stehen
- Blickkontakt zum Publikum halten
- angemessene Kleidung tragen (v. a. bei Abschlussprüfungen)

UMGEBUNG
Klassenzimmer / Raum vorbereiten:
- Technik überprüfen: Tafel geputzt? Kabeltrommel (bei Bedarf) vorhanden? Beamer, TLP, Laptop, CD-Player?
- Poster/Plakat für alle sichtbar aufhängen

ZUHÖRER
- Interesse wecken (Ohröffner)
- an Vorwissen anknüpfen
- Ablauf erläutern
- Leitfrage formulieren
- Umgang mit Zwischenfragen vorab klären (erlauben oder nicht?)
- evtl. Feedbackrunde

Übrigens: Auch Zuhören will gelernt sein! Um Präsentationen und Referaten gut folgen zu können, hält man sich am besten an diese Strategien:

- den Vortragenden anschauen und aufmerksam zuhören
- Wichtiges mitschreiben, z. B. als Stichwortliste, Mindmap
- eine Feedback-Tabelle ausfüllen:

Gelungenes 👍	Verbesserungsvorschläge 💬	Fragen ❓
1.		
2.		
3.		

Pronomen

Wozu braucht man Pronomen?

Machen Sie ein Gedankenexperiment: Streichen Sie alle Arten von Pronomen aus der Sprache: *er, sie, es, du, Sie, mein und dein, mich, dich, uns, dieser und jener, welche, wer, was, wo, man, jemand, etwas, alle* und so weiter.

Ohne Pronomen wären Texte schwerfällig und kaum zu verstehen, denn Pronomen verknüpfen Informationen, weisen voraus und zurück, zeigen Zugehörigkeiten oder Besitzverhältnisse auf, signalisieren Nähe oder Distanz zu einer Person, erlauben es, Fragen zu stellen – und vieles mehr.

Die Arten von Pronomen

Die folgende Übersicht führt **acht Hauptgruppen** von Pronomen auf:

- **Personalpronomen**

  ich, du, er / sie / es, wir, ihr, sie; Höflichkeitsform: *Sie*

Personalpronomen (**persönliche Fürwörter**) sind echte Fürwörter, denn sie ersetzen ein bereits genanntes Nomen.

Der kleine Eisbär ist hungrig. **Er** wird gefüttert. Das Futter schmeckt **ihm**!

- **Demonstrativpronomen**

> *dieser / diese / dieses, jener / jene / jenes, derjenige / diejenige, …*

Das **hinweisende Fürwort** kann Stellvertreter oder Begleiter von Nomen sein. Häufig wird es verwendet, um etwas besonders hervorzuheben.

In **diesem** Zoo gibt es viele Elefanten. **Dieses** ist das jüngste Tier, **jenes** das älteste.

- **Possessivpronomen**

> *mein, dein, sein / ihr, unser, euer, ihr*

Das **besitzanzeigende Fürwort** wird verwendet, um Besitz bzw. Zugehörigkeit auszudrücken. Meist wird es als Begleiter eines Nomens gebraucht, es kann jedoch auch Stellvertreter sein.

Mein Lieblingstier ist der Leopard. Und **deines**?

- **Relativpronomen**

> *der / die / das, welcher / welche / welches*

Relativpronomen werden auch **bezügliche Fürwörter** genannt und leiten Nebensätze (Relativsätze) ein. Sie beziehen sich auf Wörter oder Wortgruppen des übergeordneten Satzes.

In Hamburg liegt der Tierpark Hagenbeck, **der / welcher** zu den familienfreundlichsten Zoos in Deutschland zählt.

> **Personalpronomen, Demonstrativpronomen, Possessivprono-men** und **Relativpronomen** werden **dekliniert**. Je nachdem, in wel-chem Kasus sie vorkommen, verändert sich also ihre Form. Das Beispiel zeigt die verschiedenen Formen des Personalpronomens *er*.
>
> Akkusativ
>
> *Peter geht ins Kino, weil **ihn** der neue Tarantino-Film interessiert.*
> ***Er** bestellt Popcorn, das **ihm** unglaublich gut schmeckt.*
> Nominativ Dativ

- **Interrogativpronomen**

  wer, wann, was, wohin, welcher, …

  Interrogativpronomen sind **Fragepronomen**, mit denen meist Ergänzungsfragen eingeleitet werden.

  Wer hat Lust auf einen Zoobesuch? **Wohin** sollen wir zuerst gehen?

  Welches Tier findet ihr am interessantesten?

- **Indefinitpronomen**

  alle, einige, etwas, man, nichts, …

  Die **unbestimmten Fürwörter** beziehen sich auf Gegenstän-de und Lebewesen, die nicht näher bestimmt werden.

  Man kann im Tiergarten auch das Tropen-Aquarium besuchen. Wäre das **nichts** für uns? Im Hotel nebenan gibt es **etwas** zu essen.

- **Reflexivpronomen**

  mich, dich, sich, uns, euch

  Sie werden auch **rückbezügliche Fürwörter** genannt und be-ziehen sich im Satz meist auf das Subjekt. Man verwendet sie bei den reflexiven Verben (z. B. *sich anziehen, sich freuen*).

  Die ganze Familie freut **sich** auf den Zoobesuch.
  Freust du **dich** auch?

Protokoll

Was ist das?

Das Protokoll ist ein Schriftstück, in dem Inhalt und **Ablauf einer Veranstaltung** knapp und sachlich aufgezeichnet werden, um u. a. auch **Außenstehende** darüber zu **informieren**. Protokolliert werden z. B. Unterrichtsstunden, Diskussionen, Debatten und Sitzungen (z. B. Schülerratssitzung). Versuchsprotokolle für naturwissenschaftliche Experimente, z. B. im Fach Chemie, unterliegen besonderen Regeln.
Tempus (Zeitform) des Protokolls ist in der Regel das **Präsens**.

Arten von Protokollen in der Schule

1. Das **Ergebnisprotokoll** hält Ergebnisse, auch Teil- und Zwischenergebnisse, knapp und präzise fest. Es nutzt oft **Stichworte** und steht im **Präsens**.

2. Das **Verlaufsprotokoll** zeichnet den Gang einer **Veranstaltung chronologisch** nach. Es berichtet über die Inhalte von Gesprächsbeiträgen und kann die Namen der Redenden nennen. Für die Wiedergabe von Redebeiträgen wird der Konjunktiv der indirekten Rede benutzt (Modus). Tempus ist in der Regel das **Präsens**, manchmal das **Präteritum** (wie beim Bericht).

wörtliches Protokoll:
wortgetreue Mitschrift oder Audiomitschnitt von Redebeiträgen. Es wird z. B. bei politischen Sitzungen angefertigt. In der Schule kommt es nicht vor.

Aufbau eines Protokolls

Protokolle sind nach einem festen Schema aufgebaut.

Protokollkopf
- Ort
- Anlass
- Datum, Zeit
- Anwesende
- Abwesende
- Name des Protokollanten

Tagesordnung

- Auflistung der Tagesordnungspunkte (TOP), falls vorhanden

Hauptteil eines Ergebnisprotokolls

- knappe, sachliche und übersichtliche Darstellung der Ergebnisse;
- Redebeiträge werden nicht wörtlich wiedergegeben.

Hauptteil eines Verlaufsprotokolls

- chronologische, sachliche Darstellung des Verlaufs einer Veranstaltung;
- zentrale Redebeiträge werden knapp zusammengefasst, die Redner werden genannt.

Schluss

- Ort und Datum der Abfassung;
- handschriftliche Unterschrift des Protokollanten

Textbeispiel

Ergebnisprotokoll

Geschwister-Scholl-Schule Schwandorf   Schuljahr 2021 / 2022

Protokoll einer Deutschstunde

Datum/Uhrzeit:	10. 11. 2021, 9.30 Uhr – 10.15 Uhr (3. Stunde)
Ort:	Klassenzimmer der 9 a
Anwesende:	28 Schüler*innen der Klasse 9 a
Abwesende:	Tim Maier (entschuldigt)
Protokollantin:	Marie Müller
Thema:	Diskussion zum Thema „Jobben für den Konsum?"

- Einführung in das Thema durch statistische Diagramme der Shell Jugendstudie (siehe Deutschbuch S. 98)
- Pro-Kontra-Diskussion zur Frage: Sollen Jugendliche jobben, um sich Konsumgüter wie Markenkleidung, elektronische Geräte etc. leisten zu können?
- Folgende Pro-Argumente werden vorgebracht:
  1. Teure Konsumartikel werden von den Eltern nicht finanziert.
  2. …
  3. …
- Folgende Kontra-Argumente werden vorgebracht:
  1. Als Schüler sollte man sich auf das Lernen konzentrieren, nicht auf Geldverdienen.
  2. Viele Konsumartikel schaden der Umwelt, z. B. Smartphones.
  3. …

Abschluss der Diskussion durch Abstimmung: Eine Mehrheit von 20 Schülerinnen und Schülern der 9 a ist gegen das Jobben für den Konsum.

Schwandorf, 12. 11. 2021   *Marie Müller*
                                                   Protokollantin

Arbeitsschritte beim Erstellen des Protokolls

Im Unterricht / während der Sitzung

Der Protokollant legt sich Stift und Papier zum **Mitschreiben** zurecht und trägt den Protokollkopf ein. Für die **Mitschrift** gilt:

- konzentriert zuhören
- erst denken, dann schreiben
- Wichtiges von Nebensächlichem unterscheiden
- Gehörtes auf Stichworte reduzieren; dabei Kürzel, Symbole und Zeichnungen verwenden
- Fachbegriffe, Namen, Quellen usw. genau und vollständig notieren
- möglichst knappe Notizen mit ausreichend Raum für nachträgliche Ergänzungen

*Mitschriften fertigt man für sich selbst an – als **Gedächtnisstütze** für das Protokoll.*

*Auch **Mindmaps** sind ein praktisches Format für Mitschriften – einfach mal ausprobieren!*

> *Learning by doing* ist auch hier ein Erfolg versprechendes Prinzip. Ermuntern Sie Ihr Kind dazu, **Alltagssituationen** für das Mitschreiben zu **nutzen**: Nachrichtensendungen im Fernsehen, Talkshows, Erklärvideos im Internet, Diskussionen in der Familie. Wichtig ist: **Der Protokollant bleibt immer neutral!**

Eltern-Tipp

Nach dem Unterricht / der Sitzung

Auf Grundlage der Mitschrift wird nun das **Protokoll** verfasst. Diese Arbeit wird heute meistens am Computer erledigt, zu Hause oder in der Schule. Dabei sind evtl. **Vorgaben zur Formatierung** (Schrifttyp, Schriftgröße usw.) zu beachten. Wichtig: Das Protokoll muss ausgedruckt und von Hand mit einem dokumentenechten Stift (kein Bleistift) unterschrieben werden.

*Protokolle sind für andere Leser bestimmt, sie sind **öffentlich** und haben **offiziellen Charakter**.*

Rechtschreibstrategien

Was ist das?

Übung macht den Meister, auch beim Erlernen der Rechtschreibung (Orthografie). Den besten Erfolg erzielt man mit **sinnvollen Strategien**, wenn man also über das eigene Vorgehen nachdenkt und das Schreiben plant. Rechtschreibstrategien sind weit mehr als die Kenntnis von Regeln.

Vom Wissen zum Können

 Auch in Zeiten von Computer-Schreibprogrammen mit Fehlerkorrektur ist es eine wichtige Kompetenz, normgerecht schreiben zu können. Rechtschreibkompetenz gilt als ein Schlüssel zur Sprachkompetenz und spielt in Schule, Ausbildung, Studium und Berufsleben eine zentrale Rolle. Was zur Rechtschreibkompetenz gehört, können Sie mit folgender **Checkliste** überprüfen:

✔ **Rechtschreibwissen**, d. h. ich kenne die Regeln und kann sie reproduzieren (aufsagen).

✔ **Rechtschreibkönnen**, d. h. ich beherrsche automatisch möglichst viele geläufige Wortformen, ohne nachdenken zu müssen.

✔ **Rechtschreibdenken**, d. h. ich kann die Schreibung möglichst vieler verschiedener noch nicht gelernter Wörter ableiten, indem ich Rechtschreibregeln anwende.

✔ **Rechtschreibermittlung**, d. h. bei Unsicherheit kann ich selbstständig die richtige Schreibung ermitteln, auch wenn sie sich nicht mit Regeln erschließen lässt.

✔ **Rechtschreibmotivation**, d. h. es ist mir wichtig, richtig zu schreiben. Dem Leser zuliebe achte ich auf die Rechtschreibung und kontrolliere meine Texte auf Fehler.

Rechtschreibprinzipien und -strategien

Die wichtigsten Rechtschreibstrategien orientieren sich an den **Prinzipien**, auf denen die deutsche Rechtschreibung beruht:

Prinzipien	Strategien
Lautprinzip: Ein Laut entspricht einem Buchstaben oder einer Buchstabenkombination → Vieles wird so geschrieben, wie man es spricht.	▪ genau hinhören und das Klangbild von Wörtern erfassen ▪ sich ein Wort laut vorsprechen ▪ Wörter in Silben zerlegen Beispiele: *Kin-der, Blu-se, ger-ne*
Stammprinzip: Wortstämme von Wörtern der gleichen Wortfamilie werden gleich geschrieben.	▪ Ableitungen oder Wortfamilien bilden *Weg → Wege, weggehen* usw. *Raub, rauben → Räuber (nicht *Reuber)* ▪ Wort verlängern (Verlängerungsprobe), um die Schreibung des Konsonanten am Wortende hörbar zu machen: ▸ Pluralbildung bei Nomen *Ausflug → Ausflüge* ▸ Steigerung bei Adjektiven *klug → klüger* ▸ Bildung des Infinitivs bei Verben *er lebt → leben* ▪ zusammengesetztes Wort in Bestandteile zerlegen
Grammatisches Prinzip: Die Schreibung macht die grammatische Funktion eines Wortes deutlich: Wörter, die als Nomen (Substantive) gebraucht werden, schreibt man groß. Auch am Satzanfang schreibt man groß.	▪ Fragen stellen: Wird das Wort im Satz als Nomen verwendet? Beispiele: *eine außergewöhnliche Erscheinung* → Adjektiv, deshalb Kleinschreibung *das Außergewöhnliche, etwas / nichts Außergewöhnliches* → Nomen, deshalb Großschreibung *Außergewöhnlich heiß war dieser Sommer.* → Satzanfang, deshalb Großschreibung

Rechtschreibung: weitere Tipps und Tricks

- **Verschiedene Schreibungen ausprobieren!** Nicht nur das Auge merkt sich die Schreibung eines Wortes, auch die Hand hat ein Gedächtnis und erinnert sich an die korrekte Schreibung.

- **Reimwörter suchen!** Sie werden oft gleich geschrieben, z. B. *mein – kein – sein – rein.*

- **Wörterbuch nutzen!** Wer oft im Wörterbuch nachschlägt, lernt nicht nur die Schreibung der gesuchten Wörter, sondern nebenbei auch weitere Wörter.

- **Gedächtnis nutzen!** Manche Wörter muss man sich einfach merken, z. B. *Zoo, Bus, Stadt,* Wörter mit *v (Vater, Verein,* Silbe *ver-)* Fremdwörter *(z. B. Rhythmus).*

- **Eselsbrücken bauen!** *„Wer nämlich schreibt mit h, ist dämlich!", „Nach l, m, n, r das merke ja, kommt nie tz und nie ck", „Nimm die Regel mit ins Bett: Nach Doppellaut kommt nie tz!"*

- **Fehlerkartei anlegen!** Auf Karteikarten werden Wörter gesammelt, die beim Schreiben oft Probleme bereiten. Man prägt sich die korrekte Schreibung ein und schreibt das Wort mehrmals von Hand auf.

Eltern-Tipp ❯ Die Lernpsychologie sagt: „Den besten Erfolg erzielt man, wenn das Lernen mit positiven Gefühlen verbunden ist."

Dazu können Sie beitragen, wenn Sie

- eine **angenehme Lernatmosphäre** schaffen;
- ohne Zeitdruck, regelmäßig und in kleinen Portionen üben;
- Ihr Kind auch für **kleine Fortschritte loben;**
- ihm und sich bewusst machen, **was es bereits kann;**
- bei der Durchsicht von Texten, die Ihr Kind schreibt, den **Blick** zuerst **auf Gelungenes richten.**

Sachtexte

Der Begriff Sach- und Gebrauchstexte ist eine Sammelbezeichnung für alle **pragmatischen**, d. h. **nicht-literarischen Textsorten**. Diese enthalten Mitteilungen über die Wirklichkeit. Sachtexte treten in unterschiedlichen **Formen** auf und erfüllen verschiedene **Funktionen**. Viele Sachtextarten werden über Printmedien oder über elektronische Medien öffentlich verbreitet (z. B. Nachrichten).

Im weiteren Sinn gehören auch **Diagramme und Tabellen** zu den Sachtexten. In Abgrenzung zu den Fließtexten nennt man sie **diskontinuierliche oder nicht-lineare Texte**.

Sachtexte in Schule und Alltag

Nicht nur in der Schule begegnet man unterschiedlichen Sachtexten, auch in unserem Alltag sind sie allgegenwärtig: Wir lesen zum Beispiel **Zeitungsartikel** und **Nachrichtenticker**, wir befolgen **Gebrauchsanleitungen** sowie **Hygieneregeln**, wir werden auf **Werbebanner** aufmerksam, wir lernen aus **Handreichungen** oder wir schlagen bei **Wikipedia** nach. All diese Texte erweitern nicht nur unser Wissen, sondern beeinflussen auch unser Denken und Handeln. Sachtexte angemessen zu verstehen, ihre Absichten zu erkennen, Strukturen zu erfassen, sie kritisch zu beurteilen – all das gehört zur Lesekompetenz, die in allen Schulfächern vermittelt wird.

Einteilung von Sachtexten

Je nach Funktion und Kommunikationsabsicht kann man Sachtexte in folgende Arten einteilen:

- In **informativen Sachtexten** soll der Leser sachlich informiert werden.
  Bericht, Meldung, Beschreibung, Abhandlung, Protokoll, Lexikonartikel, Reportage, Interview, Beipackzettel für Medikamente

- In **expressiven Sachtexten** will der Schreiber etwas zum Ausdruck bringen, z. B. Gefühle.
  Tagebuch, Brief, Leserbrief, Bekenntnis

- In **wertenden Sachtexten** bezieht der Autor Position zu einem Thema oder einer Frage.
  Kommentar, Glosse, Rezension, Theaterkritik, Filmkritik

- **Appellative Sachtexte** fordern den Leser oder Zuhörer zu etwas auf.
  Rede, Flugblatt, Aufruf, Werbung

- **Argumentative Sachtexte** setzen sich mit einer Streitfrage auseinander und erörtern pro und kontra.
  Erörterung, Essay

- In **regulierenden Sachtexten** werden Verhaltensregeln aufgestellt und Anweisungen gegeben.
  Hausordnung, Verträge, Nutzerbedingungen, Gesetze

- **Instruierende Sachtexte** wollen belehren, der Leser soll aus ihnen etwas lernen.
  Lehrtexte in Schulbüchern, Ratgeber, Gebrauchsanleitung

> In vielen Sachtexten vermischen sich **verschiedene Funktionen:** Briefe wollen nicht nur Emotionen ausdrücken, sondern auch über etwas Neues berichten; Essays bringen Argumente zu einer Streitfrage und beziehen wertend Stellung dazu; der Beipackzettel informiert über ein Medikament und gibt Anweisungen zu seinem Gebrauch.

Sachtexte im Deutschunterricht

Im Deutschunterricht spielen Sachtexte eine besondere Rolle. Die Schüler sollen sie nicht nur lesen, um schlauer zu werden, sondern sie auch kritisch unter die Lupe nehmen. Das geschieht in Aufsatzarten wie der **Sachtextanalyse**, der **Erörterung zu einem Sachtext** und dem **Essay**.

Vor allem journalistische Textsorten spielen eine große Rolle:

- Die **Reportage** informiert anschaulich über ein aktuelles Thema oder Ereignis. Der Autor, meistens ein Journalist, möchte die Lesenden an einem Erlebnis teilhaben lassen und zur Meinungsbildung beitragen. Oft wird der Text durch Bilder ergänzt.

- Der **Kommentar** ist ein subjektiv wertender Text, der die Lesenden zum Nachdenken bringt. Er befasst sich mit aktuellen Fragen und ist immer namentlich gezeichnet.

- Die **Glosse** ist eine Art Kurzkommentar. In satirischer Weise zieht sie ein aktuelles Ereignis oder alltägliche Begebenheiten durch den Kakao. In vielen Zeitungen erscheint sie als regelmäßige Kolumne. Ein bekanntes Beispiel ist das *Streiflicht* in der *Süddeutschen Zeitung*.

- Das **Interview** gibt schriftlich wieder, was eine oder mehrere Personen in einem Gespräch gesagt haben.

- Der **Leserbrief** gibt den Lesern und Leserinnen von Zeitungen und Zeitschriften Gelegenheit, bereits erschienene Artikel zu kommentieren und zu bewerten. Für den Inhalt von Leserbriefen übernimmt die Zeitungsredaktion keine Verantwortung.

> *Wieso? Weshalb? Warum? – Wer kein Sachbuch liest, bleibt dumm!* Dieser provokante Titel eines fachwissenschaftlichen Aufsatzes (von Ekkehard Ossowski, 2005) sagt: Sachbücher und Sachtexte machen schlau. Im Buchhandel und in Bibliotheken finden Sie garantiert so manches Sachbuch, das Ihren Kindern Wissen auf interessante und unterhaltsame Weise vermittelt.

Eltern-Tipp

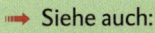 **Siehe auch:**   Sachtexte: Analyse (S. 168 ff.)

Sachtexte: Analyse

Was ist das?

Sachtexte jeglicher Art und in unterschiedlichen medialen Formen werden in allen Fächern gelesen. Die **Sachtextanalyse** ist eine spezielle **Aufsatzart** im Deutschunterricht, die in den Klassenstufen 9 oder 10 einsetzt und bis zum Abitur bzw. zur Abschlussprüfung eine Rolle spielt. Dabei geht es darum, den **Aufbau**, die sprachliche Gestaltung sowie die **Aussageabsicht** eines Sachtextes zu beschreiben und sich mit seiner Aussage auseinanderzusetzen. Auch das Aufsatzformat der textgebundenen Erörterung geht von einer Sachtextanalyse aus.

Sachtexte erschließen

Wie bei jedem Aufsatz gilt: Schreiben beginnt vor dem Schreiben! Eine sorgfältige Lektüre des Textes ist die Voraussetzung für das Verfassen des Aufsatzes.

Für die Texterschließung hat sich folgendes Verfahren bewährt:

1. **Text überfliegen**
    - Welche Schlagzeilen, Überschriften und Zwischenüberschriften enthält der Text?
    - Wer (Autor) hat den Text wo (Publikationsmedium), wann (Erscheinungsjahr oder -datum) und für wen (Adressaten, Lesepublikum) geschrieben?

2. **Text genau lesen und verstehen**
    - Welche wichtigen Begriffe und Aussagen kommen vor?
    - Welche Fremdwörter, Fachbegriffe und unbekannten Wörter muss ich im (Online-)Wörterbuch nachschlagen?

    ⮕ Durch Markierungen wird der Text bearbeitet.

3. **Thema bzw. These formulieren**
    - Worum geht es in dem Text?

    ⮕ In eigenen Worten wird die Kernaussage auf den Punkt gebracht.

4. **Text gliedern**
   - Wie ist der Text formal aufgebaut?
   - Wie ist seine gedankliche Struktur? Ist sie logisch und klar oder sprunghaft und assoziativ?

   ▐▐▐➡ Durch Randnotizen, Zwischenüberschriften, Markierungen von These, Argument, Beispiel wird die Textstruktur visualisiert.

5. **Sprachliche Gestaltung untersuchen**
   - Welchen Satzbau verwendet der Autor?
   - Wie ist seine Wortwahl, welche rhetorischen Mittel setzt er ein?

   ▐▐▐➡ Treffende Fachbegriffe (z. B. Hypotaxe/Parataxe, rhetorische Frage, Metapher usw.) werden am Rand oder auf Notizpapier festgehalten.

6. **Aussageabsicht erkennen**
   - Was will der Autor aussagen, was ist seine zentrale Botschaft?

   ▐▐▐➡ In aller Kürze wird die (vermutete) Intention formuliert.

Beispiel

Die Aufgabenstellung zum folgenden Sachtext könnte lauten:
Analysiere den Zeitungstext von Julia Rothhaas.

Die Journalistin Julia Rothhaas schreibt in ihrem Text über eine menschliche Verhaltensweise, die sich im Laufe der 2020 aufgekommenen Corona-Pandemie verändert hat: das Grüßen.

Zum Gruße
Julia Rothhaas

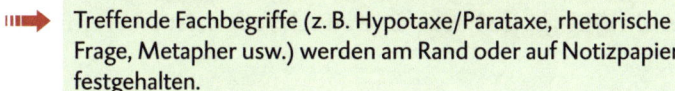

1 Gib dem Onkel mal die Hand! Diesen Satz werden sich Kinder wohl nie mehr anhören müssen. Das ist nicht weiter schlimm, wenn man überlegt, wie oft Händeschütteln verzichtbar war (weil zu luschig oder zu wichtigtuerisch oder schlichtweg zu ek-
5 lig). Um die Lücke zu schließen, streckt man sich jetzt gern den Ellenbogen entgegen. Das wirkt auch im August noch hilflos, wenn Erwachsene mit verdrehtem Arm in der Luft herumsto

Randnotizen:
Titel, Thema: Grüßen
Autorin/Journalistin

Zitat aus Alltagsleben
Bewertung + Begründung

Aber: fehlendes Hände-schütteln hinterlässt Lücke, die zu füllen ist → Ellenbogengruß wirkt hilflos

→ *Füße klatschen wirkt trist und lächerlich*

Vergleich mit unsicheren Versuchen beim Tanzen

Bussi–Bussi = zweites „Begrüßungsopfer" → Ironie

Geschmatze: Abwertung; plastische Sprache

Bewertung wird wiederholt

Schluss: Gegensatz zu verzichtbaren Gruß–ritualen: Umarmung eines Freundes = große Lücke, nicht schließbar

Publikationsort und –zeit: Süddeutsche Zeitung, seriöse Tages–zeitung, überregional

chern, weil es nicht jedem gleich gut gelingt, den spitzesten Punkt zu treffen. Die Alternative „Füße aneinanderklatschen" ist allerdings noch trister, weil man sich dabei fühlt wie in der ersten 10 Stunde eines Hip-Hop-Kurses an der Tanzschule. Ein freundliches Lächeln, auch hinter der Maske, reicht da völlig aus. Die neue Distanz hat allerdings noch ein zweites Begrüßungsopfer gefordert: das Bussi-Bussi. Das ewige Geschmatze, das selten etwas mit aufrichtiger Freude ob des Wiedersehens zu tun hatte, 15 muss bis auf Weiteres ausfallen.

Auch nicht schlimm.

Einzig die Nichtumarmung eines guten Freundes hinterlässt weiterhin eine große Lücke. Die zu schließen, ist fast unmöglich.

Aus: „Die neue Etikette – Zum Gruße", Julia Rothhaas, SZ.de vom 15.08.2020

Eltern-Tipp „Das ist mal wieder eine typisch weltfremde Aufgabe, die im wirklichen Leben nicht vorkommt", denken Sie vielleicht.

Reportagen, Kommentare, Interviews oder wissenschaftliche Artikel, solche Texte lesen Sie, darüber **diskutieren** Sie, bestimmte Stellen lesen Sie noch einmal nach, Sie merken sich die **Kernaussagen**, schreiben eventuell sogar einen **Leserbrief**. Damit gehen Sie bereits **wichtige Arbeitsschritte** auf dem Weg zur Sachtextanalyse. Sie sind also praktisch schon Experte für diese Aufsatzart.

Sachtextanalyse schreiben

Nach der Erschließung des Sachtextes werden die gewonnenen Erkenntnisse in einem zusammenhängenden eigenen Text verschriftlicht. Wie die meisten Aufsätze gliedert sich auch die Sachtextanalyse in drei Teile: Einleitung, Hauptteil, Schluss.

1. **Einleitung: Vorstellung des Textes**
   ▪ Informationen über Titel, Autor, Erscheinungsort und -datum des Textes, Textsorte
   ▪ knappe Zusammenfassung des Themas bzw. der These

◁ **Textbeispiel**

Unter dem Titel *Zum Gruße* beschreibt Julia Rothhaas, wie sich durch die Corona-Pandemie eine gesellschaftliche Konvention – die Begrüßung – verändert hat. Der Artikel ist in der *Süddeutschen Zeitung* vom 15.08.2020 erschienen.

2. **Hauptteil: Darlegung von Inhalt und Gedankengang**
   ▪ W-Fragen zum Inhalt beantworten: *was, wer, wann, wo, warum, wozu, wie?* → kurze Inhaltsangabe
   ▪ Gedankengang bzw. Argumentationsweise beschreiben:
     ▸ Ist die Argumentationsweise z.B. logisch, plausibel, überzeugend? Oder verwirrend, sprunghaft, fehlerhaft?
     ▸ Welche Arten von Argumenten liegen vor, z.B. Fakten-, Wert-, Autoritäts- oder Analogieargumente?
     ▸ Haben die Argumente jeweils eine Begründung und einen Beleg (Beispiele)?
   ▪ Sprache beschreiben:
     ▸ einfache oder gehobene Sprache?
     ▸ Alltagssprache oder Fachsprache?
     ▸ bildhafter und anschaulicher oder nüchterner und sachlicher Stil?
     ▸ Ironie, Humor oder Ernsthaftigkeit?
   ▪ Intention (Aussageabsicht) des Autors/der Autorin benennen, z.B. Information des Lesers, Aufklärung, Unterhaltung, Provokation, Manipulation, Appell zum Handeln

◁ **Textbeispiel**

Die Journalistin vermutet, dass Kinder in Zukunft nie mehr dazu aufgefordert werden, einer erwachsenen Person höflich die Hand zu geben. Stattdessen werden sich andere Grußformen durchsetzen, auch wenn diese im Moment – der Text wurde im August 2020 verfasst – noch etwas ungeschickt oder lächerlich wirken.

Inhaltsangabe

Position der Autorin Julia Rothhaas findet diese Entwicklung nicht weiter schlimm, denn Händeschütteln sei oft unnötig, manchmal sogar eklig gewesen. Auch Wangenküsse beurteilt sie eher als überflüssiges, wenn nicht sogar unehrliches Ritual.

Nur bei guten Freunden beklagt sie die Distanz, die von den Hygiene-Regeln vorgeschrieben wird. Das Gebot der „Nichtumarmung" (Z. 18) hinterlasse eine „große Lücke" (Z. 19), so die Autorin. Das Bild der Lücke verdeutlicht, dass zur Freundschaft Nähe gehört.

Analyse von Stil und Sprache Der Stil des Textes wechselt zwischen heiter und ernsthaft. An vielen Stellen muss der Leser schmunzeln, z. B. wenn die Autorin anschaulich beschreibt, wie Erwachsene sich schwertun, wenn sie „mit verdrehtem Arm in der Luft herumstochern" (Z. 7 f.). [...]

Leichte Ironie schwingt auch in Wortneubildungen mit, z. B. beim Ausdruck „Begrüßungsopfer" (Z. 13) für das Wegfallen des Wangenkusses oder beim Kompositum „Nichtumarmung" (Z. 18) für den erzwungenen Verzicht auf freundschaftliche Umarmung. [...]

Intention / Aussageabsicht Der Autorin gelingt es, auf humorvolle Weise alte und neue Begrüßungsrituale zu hinterfragen und den Leser zum Nachdenken zu bringen.

3. **Schluss**
   - knappe Zusammenfassung der gewonnenen Erkenntnisse
   - persönliche Stellungnahme zu den Thesen bzw. zur Position des Autors / der Autorin

Textbeispiel ▷

Der Text hat mich persönlich dazu angeregt, über den Sinn von Gewohnheiten nachzudenken. Bei manchen Begrüßungsformen fände ich es auch nicht schade, wenn sie ein für alle Mal abgeschafft würden. Trotzdem wünsche ich mir sehr, dass ich meine Großeltern bald wieder gefahrlos umarmen sowie Tanten, Onkeln und anderen Erwachsenen respektvoll „zum Gruße" die Hand reichen darf.

In Kürze

Die Sachtextanalyse …

- basiert auf einer genauen Lektüre und Untersuchung eines vorgelegten Sachtextes, z. B. aus der Zeitung;

- gliedert sich in drei Teile:
  - ▸ **Einleitung:** grundlegende Informationen zum Text und Benennung des Themas;
  - ▸ **Hauptteil:** Darlegung des Inhalts sowie Analyse des Gedankengangs und der Sprache;
  - ▸ **Schluss:** knappe Zusammenfassung und persönliche Stellungnahme;

- beschreibt Inhalt, Gedankengang und Sprache des Textes sachlich und präzise;

- steht im Präsens;

- verwendet Fachbegriffe der Textbeschreibung.

⇒ Siehe auch: Argumentieren – Erörterung   Inhaltsangabe
                (S. 18 ff.)   (S. 95 ff.)
                Sachtexte (S. 165 ff.)

Satzbau

Sätze sind **sprachliche Einheiten**, die nach bestimmten Mustern gebaut sind. Die **Satzbausteine** sind die **Satzglieder**. Subjekt und Prädikat müssen in einem Satz immer vorhanden sein (Ausnahme: Imperativsätze), Objekte und Adverbialien können hinzukommen.

Man unterscheidet **Hauptsatz** und **Nebensatz**. Der **Hauptsatz** ist in der Regel ein selbstständiger Satz. **Nebensätze** sind dem Hauptsatz untergeordnet.

Hauptsatz

Es gibt **drei Arten** von Hauptsätzen: **Aussagesatz, Fragesatz, Befehls- oder Aufforderungssatz**. Hauptsätze können als selbstständige Sätze auftreten.

Aussagesatz

Der **Aussagesatz** drückt einen Sachverhalt aus. Man erkennt ihn am Punkt als Satzschlusszeichen und an der Stellung des finiten Verbs: Es steht an zweiter Satzgliedstelle. Deshalb spricht man auch vom **Verbzweitsatz**. Viele Aussagesätze beginnen mit dem Subjekt, aber auch eine adverbiale Bestimmung oder ein Objekt kann an erster Satzgliedstelle stehen.

Beispiele

Subjekt	finite Verbform	
Anna	lernt .	

Adverbial	finite Verbform		infinite Verbform
Gestern	hat	Anna	gelernt .

Objekt	finite Verbform		infinite Verbform
Die Vokabeln	wird	Anna	lernen .

Regen Sie Ihr Kind dazu an, die **verschiedenen Varianten** des Satzbaus zu nutzen. Ein Text wird abwechslungsreicher und lesenswerter,
wenn Aussagesätze nicht nur mit dem Subjekt, sondern auch mit **Ob-
jekten** oder **adverbialen Bestimmungen** beginnen.

Eltern-Tipp

Fragesatz

Der **Fragesatz** erfragt einen Sachverhalt. Man erkennt ihn am
Fragezeichen und an der Stellung des finiten Verbs. Bei **Entscheidungsfragen** steht es an erster Satzgliedstelle (Verberstsatz), bei **Ergänzungsfragen** hingegen an **zweiter Satzgliedstelle** (Verbzweitsatz).

Beispiele

Entscheidungsfrage (Verberstsatz)

finite Verbform   infinite Verbform
  Hat   Anna   gelernt ?

finite Verbform
  Lernt   sie oft?

Ergänzungsfrage (Verbzweitsatz)

Fragewort   finite Verbform
  Was   lernt   sie?

Aufforderungssatz

Der **Befehls- oder Aufforderungssatz** drückt Bitten, Befehle,
Vorschläge oder Aufforderungen aus. Satzschlusszeichen ist ein
Ausrufezeichen oder ein Punkt. Die **finite Verbform** befindet
sich immer an **erster Satzgliedstelle** (Verberstsatz).

Beispiele

finite Verbform
  Lerne   die Vokabeln, bitte!

  Passt   alle gut auf!

Nebensatz

Man erkennt einen **Nebensatz** an der Stellung der finiten Verbform: Sie steht an **letzter Satzgliedstelle**. Man nennt den Nebensatz deshalb auch **Verbletztsatz**.

Am **Satzanfang** können folgende Wörter stehen:
- unterordnende Konjunktionen (Subjunktionen), z. B. *als, wenn, weil, dass;*
- Relativpronomen, z. B. *der, die, das, welche.*

Vor dem einleitenden Wort des Nebensatzes **muss** man ein Komma setzen.

Beispiele

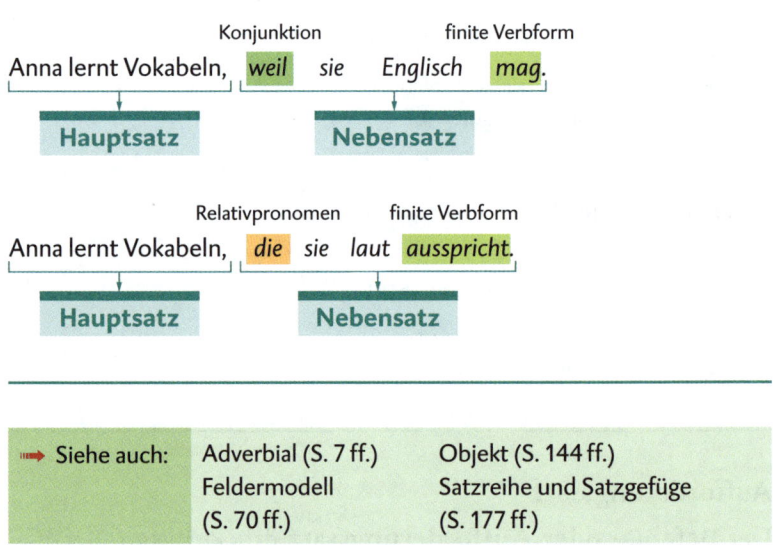

Siehe auch:	Adverbial (S. 7 ff.)	Objekt (S. 144 ff.)
	Feldermodell (S. 70 ff.)	Satzreihe und Satzgefüge (S. 177 ff.)

Satzreihe und Satzgefüge

Was ist das?

Sätze können auf unterschiedliche Weise miteinander verknüpft werden. **Hauptsätze** kann man mit oder ohne Konjunktionen (z. B. *und, aber, doch*) aneinanderreihen, ähnlich den Perlen auf einer Schnur. Dann spricht man von einer **Satzreihe** oder **Parataxe**. **Nebensätze** sind in der Regel einem Hauptsatz untergeordnet. Sie werden mit Subjunktionen (z. B. *weil, obwohl, dass*) oder Relativpronomen (z. B. *der, die, das*) mit dem Hauptsatz verbunden. Diese Verknüpfung nennt man **Satzgefüge** oder **Hypotaxe**.

Satzreihe: Hauptsatz + Hauptsatz

Eine Verbindung aus zwei oder mehr Hauptsätzen (**HS**) nennt man Satzreihe. Die Hauptsätze werden dabei durch ein **Komma** getrennt.

Wie die Sätze inhaltlich zusammenhängen, kann man durch **nebenordnende Konjunktionen** verdeutlichen:

- Mit *und* verdeutlicht man **Aufzählungen und Reihungen**.
- Mit *aber, sondern, doch* kann man **Gegensätze** hervorheben.
- Mit *denn* werden **Gründe** verdeutlicht.

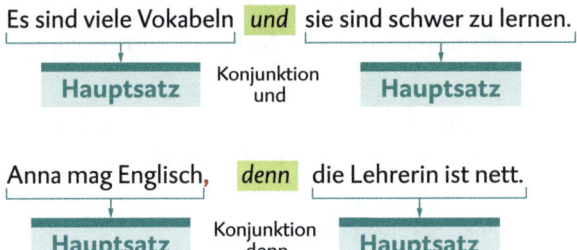

In der Regel wird kein Komma gesetzt, wenn Hauptsätze mit einer der folgenden Konjunktionen verbunden werden:

- *und*
- *oder*
- *sowie*
- *sowohl … als auch*
- *entweder … oder*
- *weder … noch*

Merken Sie sich für diese Konjunktionen: „Entweder Komma oder Konjunktion!" Dann sind Sie auf der sicheren Seite!

Satzgefüge: Hauptsatz + Nebensatz

Eine Verbindung von mindestens einem Haupt- und einem Nebensatz nennt man **Satzgefüge**.

Ein **Nebensatz** kann im Unterschied zum Hauptsatz nicht allein stehen. Er ist immer einem anderen Satz untergeordnet. Im Satzgefüge kann der **Nebensatz (NS)** an **drei Stellen** stehen: vor, hinter oder in einem Hauptsatz.

Nebensätze werden durch ein **Komma** vom Hauptsatz getrennt.

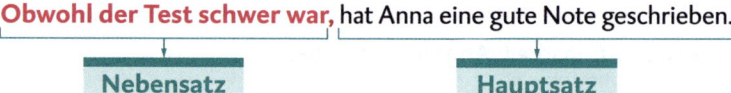

Obwohl der Test schwer war, hat Anna eine gute Note geschrieben.

     Nebensatz   Hauptsatz

Anna hat eine gute Note geschrieben, **obwohl der Test schwer war**.

     Hauptsatz   Nebensatz

Anna hat, **obwohl der Test schwer war,** eine gute Note geschrieben.

Hauptsatz   Nebensatz   Hauptsatz

Ein Nebensatz kann auch einem anderen Nebensatz untergeordnet sein:

Anna hat eine gute Note geschrieben,
die sie sehr freut, weil der Test besonders schwer war.

    Nebensatz 1   Nebensatz 2

➡ Siehe auch: Konjunktionen (S. 112 ff.) Satzbau (S. 174 ff.)

Stilmittel und rhetorische Figuren

Was ist das?

Von Stil spricht man, wenn ein Sprecher oder Schreiber vom alltäglichen 0815-Sprachgebrauch abweicht, absichtlich oder unabsichtlich. Mit **Stilmitteln** kann man Texte wirkungsvoll gestalten, indem man einzelne Teile hervorhebt, betont oder veranschaulicht. Vor allem in poetischen Texten (z. B. Gedichten, Dramen), aber auch in Sachtexten (z. B. Zeitungskommentaren, Werbesprüchen und in Reden) spielen Stilmittel eine wichtige Rolle. Sie werden auch **rhetorische Figuren** genannt.

Ursprung und Funktion von Stilmitteln

Die meisten Stilmittel stammen aus der antiken Rhetorik und Poetik. Deshalb werden sie auch fast immer **mit griechischen oder lateinischen Wörtern bezeichnet**. Man kann mit ihnen lange Listen füllen, die z. B. bei Wikipedia von Accumulatio bis Zeugma reichen.

Wichtiger als ein Register mit möglichst vielen Begriffen ist es jedoch, **häufig vorkommende Stilmittel zu erkennen und ihre Wirkung beschreiben zu können**. Hierfür kann man sich zunächst fragen, auf welcher Ebene der Sprache das jeweilige Stilmittel funktioniert:

- Setzt das Stilmittel den **Klang** der Sprache ein, wie z. B. der Reim, die Alliteration, die Assonanz?
- Arbeitet es mit der **Bedeutung** von Wörtern und Ausdrücken (Semantik), wie z. B. die Metapher, das Symbol, der Vergleich?
- Nutzt es die Möglichkeiten, **Sätze** auf ungewöhnliche Weise zu konstruieren, wie z. B. die Inversion oder der Parallelismus?
- Wird es eingesetzt, um **Wörter** besonders hervorzuheben, wie z. B. bei der Klimax oder der Wiederholung?

Stilmittel im Überblick

Stilmittel	Beispiel
Akkumulation: Anhäufung von Wörtern ohne Nennung eines Oberbegriffs	Sonne, Mond und Sterne
Allegorie: systematisierte Metapher, die durch Reflexion erschließbar ist	Justitia als Frau mit verbundenen Augen, Waage und Schwert (allegorisch für Gerechtigkeit)
Alliteration: aufeinanderfolgende Wörter mit gleichem Anlaut	<u>w</u>underbare <u>W</u>elt, <u>K</u>ind und <u>K</u>egel, <u>z</u>ehn <u>z</u>ahme <u>Z</u>iegen
Anapher: gleicher Anfang aufeinanderfolgender Sätze / Verse	<u>Gehe</u> nach Hause. <u>Gehe</u> dorthin, so schnell du kannst.
Anrede: Hinwendung an den Adressaten	Meine Damen und Herren, …
Antithese: einander entgegengestellte Begriffe, Bedeutungen oder Gedanken	<u>Ruhe</u> auf dem <u>Land</u>, <u>Lärm</u> in der <u>Stadt</u>; <u>Himmel</u> und <u>Hölle</u>
Assonanz: vokalischer Gleichklang	s<u>o</u>bald, <u>O</u>bacht, W<u>o</u>hlkl<u>a</u>ng
Asyndeton: Reihung ohne Konjunktionen	Er kam, sah, siegte.
Chiasmus: Überkreuzstellung	Der <u>Einsatz</u> war <u>groß</u>, <u>klein</u> war der <u>Gewinn</u>.
Chiffre: Zeichen, dessen Inhalt rätselhaft und letztlich nicht zu erfassen ist	Purpurne Seuche, Hunger, der grüne Augen zerbricht.
Diminutiv: Verkleinerungsform	Blümlein, Mäuschen
Ellipse: unvollständiger Satz, fehlende Satzteile	Je früher, desto besser.
Enjambement: Satz greift auf nächsten Vers über	Die Wolken fliegen / über das weite Land.
Epipher: gleiches Ende aufeinanderfolgender Sätze / Verse	Alle lieben den <u>Hund</u>. Die Nachbarn reden nur noch über diesen struppigen <u>Hund</u>.
Euphemismus: beschönigende Umschreibung, Untertreibung	Wir müssen Personal abbauen. (anstatt: Wir müssen unseren Mitarbeitern kündigen.)
Exclamatio: Ausruf	Hoch soll er leben!
Geminatio: unmittelbare Wiederholung eines Wortes oder Satzteils	Geh, geh!
Hyperbel: sehr starke Übertreibung	Ich warte hier schon <u>drei Millionen Jahre</u> auf dich.
Inversion: Abweichung von normaler Satzstellung	Am Straßenrand eine seltene Pflanze ich sah.
Ironie: versteckter Spott, gemeint ist das Gegenteil von dem, was geschrieben bzw. gesagt wird	Du bist mir ja ein Superhirn! (anstatt: Das war dämlich von dir.)

Klimax: (meist dreischrittige) Steigerung	*Sie kicherten, lachten, grölten.*
Lautmalerei: Nachahmung eines (Natur-)Lautes	*Klingeling, Kikeriki, Ticktack*
Litotes: Bejahung durch doppelte Verneinung	*Die Schüler sind nicht unwillig.*
Metapher: bildhafter Ausdruck mit übertragener Bedeutung, Vergleich ohne Vergleichspartikel	*Du bist die Sonne meines Lebens. Dein Haar ist flüssiges Gold. Wir stehen am Fuß des Berges.*
Metonymie: Verwendung eines Ausdrucks in übertragener Bedeutung (Gesagtes und Gemeintes stammen aus demselben Wirklichkeitsbereich)	*Deutschland jubelt, Kafka lesen, eine Tasse trinken*
Neologismus: Wortneuschöpfung	*Himmelsengelsstimme*
Oxymoron: Kombination aus Wörtern, die sich widersprechen	*bittersüß, alter Knabe, Hallenfreibad, Eile mit Weile*
Paradoxon: inhaltlich unlogische und widersinnige Aussage, meist in Form eines ganzen Satzes	*Der Schmerz des Verlusts erfüllte sein Herz mit Freude.*
Parallelismus: aufeinanderfolgende Sätze oder Satzteile mit gleichem Satzbau	*Nina traf Nils im Park. Max besuchte Tatjana im Café.*
Parenthese: Einschub	*Das Buch – ich bin ehrlich – hat mir nicht gefallen.*
Periphrase: Umschreibung eines Begriffs	*„der Gefallene" für „Sünder"*
Personifikation: Gegenständen oder abstrakten Begriffen werden menschliche Fähigkeiten / Eigenschaften zugeschrieben	*Der Wind spielte mit ihrem Haar und streichelte ihre Wange.*
Pleonasmus: Häufung sinngleicher Wörter	*Sie ist brav, nett, lieb.*
Polysyndeton: Verbindung zwischen Wörtern und Satzteilen durch mehrmalige Wiederholung derselben Konjunktion	*Und es wallet und siedet und brauset und zischt.*
Rhetorische Frage: Scheinfrage, erwartet keine Antwort	*Wer hat noch nie einen Fehler gemacht? Hast du vollkommen den Verstand verloren?*
Symbol: Sinnbild, das für Abstraktes steht	*rote Rose (für Liebe), weiße Taube (für Frieden)*
Synästhesie: Vermischung von Sinnesgebieten	*goldene Töne*
Synekdoche: Ein Teil steht für das Ganze (auch Pars pro toto) oder das Ganze steht für einen Teil (auch Totum pro parte).	*ein Dach über dem Kopf haben, eine Bibliothek lesen*
Vergleich: bildhafter Ausdruck, durch Vergleichswort (*wie, als*) mit Gemeintem verknüpft	*Sie ist leicht wie eine Feder, er ist schwer wie ein Elefant.*

Eltern-Tipp Mit **spielerischen Stilübungen** kann man seine Sprachkompetenz erweitern und verfeinern. Probieren Sie es mit Ihrem Kind so:

1. Suchen Sie eine beliebige kurze Meldung in der Zeitung.

2. Schreiben Sie die Bezeichnungen für Stilmittel / stilistische Gestaltung eines Textes einzeln auf Kärtchen, z. B. Alliteration, Metapher, Vergleich, Wiederholung, Hypotaxe usw. Die Kärtchen werden verdeckt auf einen Stapel gelegt.

3. Nun zieht jeder Mitspieler ein Kärtchen und formuliert den Text so um, dass das entsprechende Stilmittel besonders häufig vorkommt. Die anderen Spieler raten, um welches Stilmittel es sich handelt.

Bereits antike Redner und Schriftsteller wie Cicero hatten ein ausgeprägtes Sprachbewusstsein und verwendeten in ihren Reden und Texten eine Vielzahl an Stilmitteln.

Subjekt

Das Subjekt ist ein Satzglied. Es gibt an, wer oder was etwas tut bzw. bewirkt. Es wird deshalb auch als **Handlungsträger** oder **Satzgegenstand** bezeichnet. Die Frageprobe zur Bestimmung des Subjekts in einem Satz lautet: **Wer oder was** (tut etwas)? Das Subjekt steht immer im **Nominativ** (1. Fall).

Typen von Subjekten

Subjekte können **aus einem oder mehreren Wörtern** bestehen. Meistens ist das Subjekt ein Eigenname, ein Nomen (evtl. mit Artikel und Attribut) oder ein Pronomen (z. B. *ich, du, wir, sie*).

Eigenname
Joanne K. Rowling hat die Fantasy-Romane über Harry Potter geschrieben.

Nomen (mit Artikel und Attribut)
Die berühmte Autorin hat mit ihren Büchern viel Geld verdient.

Pronomen
Sie ist weltweit bekannt.

Subjekt und Prädikat

Diese beiden Satzglieder sind eng miteinander verbunden. Ein **vollständiger Satz** enthält immer ein **Subjekt** und ein **Prädikat**, die in Person (1., 2., 3. Person) und Numerus (Singular oder Plural) übereinstimmen.

Subjekt Prädikat
Ich **liebe** Fantasy-Romane.

⟼ Subjekt und Prädikat stehen in der **1. Person Singular**.

Wir lieben auch die Filme mit Daniel Radcliffe.

⟼ **1. Person Plural**

Magst du die Harry-Potter-Filme?

⟼ **2. Person Singular**

Habt ihr alle Filme **gesehen**?

⟼ **2. Person Plural**

Die Darstellerin von Hermine gefällt mir besonders gut.

⟼ **3. Person Singular**

Auch **die anderen Schauspieler sind** großartig.

⟼ **3. Person Plural**

Tipp: Indem Sie den Begriff Nomen (anstelle von Substantiv) verwenden, vermeiden Sie Verwechslungen!

❯ Subjekt oder Substantiv?
Das **Subjekt** ist ein **Satzglied**, also eine Art **Baustein des Satzes.** Mit der Umstellprobe kann man die Satzglieder ermitteln. Das Subjekt kann aus mehreren Wörtern bestehen.

Der Begriff **Substantiv** (auch: Nomen, Namenwort) bezeichnet eine **Wortart**. Im Deutschen werden Substantive großgeschrieben.

Satz-glieder:	Subjekt	Prädikat		Adverbial		Akkusativobjekt	
	Sie	spielt	in	dem	Film	eine	Hexe.
Wort-arten:	Prono-men	Verb	Präposi-tion	Artikel	Substantiv/ Nomen	Artikel	Substantiv/ Nomen

Tempus (Zeitform)

Verben haben es in sich! Ohne weitere Umstandsangaben können sie durch ihre Zeitform (das **Tempus**, Pl. die Tempora) ausdrücken, **wann** etwas passiert: in der Vergangenheit, Gegenwart oder Zukunft.

Bildung der Tempora

Präsens (Gegenwartsform) und **Präteritum** (1. Vergangenheit) sind einfache Tempusformen. Man nennt sie so, weil sie ohne Hilfsverb (*haben, sein* oder *werden*) gebildet werden.

einfache Zeitformen

Zur **Bildung der Präsensformen** werden an den Verbstamm folgende Endungen angehängt:

Präsens	Singular	Plural
	ich spiel**e**	wir spiel**en**
	du spiel**st**	ihr spiel**t**
	er/sie/es spiel**t**	sie spiel**en**
	ich schreib**e**	wir schreib**en**
	du schreib**st**	ihr schreib**t**
	er/sie/es schreib**t**	sie schreib**en**

Bei der **Bildung der Präteritumformen** ist zwischen schwachen (regelmäßigen) und starken (unregelmäßigen) Verben zu unterscheiden.

Das **Präteritum der schwachen Verben** wird regelmäßig gebildet. Das bedeutet, dass sich der Vokal im Verbstamm nicht ändert:

Ich sp**ie**le. → Ich sp**ie**lte.

Präteritum von „spielen"	Singular	Plural
	ich spiel**te** du spiel**test** er/sie/es spiel**te**	wir spiel**ten** ihr spiel**tet** sie spiel**ten**

Das Präteritum der starken Verben wird unregelmäßig gebildet. Im Verbstamm findet also ein **Vokalwechsel** statt:

Ich schr**ei**be. → Ich schr**ie**b.

Präteritum von „schreiben"	Singular	Plural
	ich schr**ie**b du schr**ie**bst er/sie/es schr**ie**b	wir schr**ie**ben ihr schr**ie**bt sie schr**ie**ben

zusammengesetzte Zeitformen

Neben Präsens und Präteritum gibt es noch eine ganze Reihe an **zusammengesetzten Zeitformen**. Diese heißen so, weil sie aus einem Hilfsverb (*haben, sein* oder *werden*) und einem Vollverb zusammengesetzt werden.

Im Folgenden finden Sie eine Übersicht zur **Bildung** der zusammengesetzten Zeitformen im Deutschen:

Bausteine	Beispiele
Perfekt Präsens von *haben/sein* + Partizip II des Vollverbs	ich *habe* **geredet** / ich *bin* **gelaufen**
Plusquamperfekt Präteritum von *haben/sein* + Partizip II des Vollverbs	ich *hatte* **geredet** / ich *war* **gelaufen**
Futur I Präsens von *werden* + Infinitiv des Vollverbs	ich *werde* **reden** / ich *werde* **laufen**
Futur II Präsens von *werden* + Partizip II des Vollverbs + Infinitiv von *haben/sein*	ich *werde* **geredet** *haben* / ich *werde* **gelaufen** *sein*

Funktion der Tempora

Präteritum oder doch Perfekt? Es ist nicht immer einfach, die passende Zeitform zu finden. Es gibt jedoch einige grundlegende Vorgaben, wann welche Zeitform verwendet wird.

Präsens

Mit dem Präsens, auch Gegenwartsform genannt, drückt man aus, was gerade im Moment geschieht. Auch **allgemeingültige Aussagen** stehen im Präsens.

Ich **gehe** zum Sport. Sport **hält** fit.

Die Bezeichnung Gegenwartsform ist allerdings nur bedingt zutreffend, denn mit dem Präsens drückt man häufig auch **Zukünftiges** aus, wenn eine entsprechende Zeitangabe im Satz vorhanden ist.

Morgen **gehe** ich zum Sport.

Futur I

Um etwas auszudrücken, was in der **Zukunft** (vielleicht) geschehen wird, verwendet man in der Regel das Futur I.

Ich **werde** zum Sport **gehen**.

Futur II

Diese Zeitform benutzt man, um etwas auszudrücken, das in der Zukunft bereits abgeschlossen sein wird.

Heute Abend **werde** ich zum Sport **gegangen sein**.

Man kann auch Vermutungen mit dem Futur II ausdrücken:

Er **wird** wohl beim Sport **gestürzt sein**.

Perfekt

Das Perfekt kommt zum Einsatz, um etwas **Vergangenes** auszudrücken. Oft wirkt das Ergebnis noch bis in die Gegenwart hinein. Das Perfekt ist auch typisch für den **mündlichen Sprachgebrauch**. Gerade in Süddeutschland wird es häufig als Ersatz für das Präteritum verwendet.

Ich **bin** zum Sport **gegangen** (und jetzt bin ich fit).

Präteritum

Das Präteritum verwendet man, um etwas **Vergangenes** auszudrücken, das **abgeschlossen** ist. Zudem ist das Präteritum die Zeitform für schriftliche **Berichte** und **Erzählungen**.

Früher **ging** er immer samstags zum Sport.

Plusquamperfekt

Um ein Geschehen in der Vergangenheit auszudrücken, das **noch vor einem anderen vergangenen Geschehen** liegt, nutzt man das Plusquamperfekt. Man nennt diese Zeitform deshalb auch **Vorvergangenheit**.

<u>Nachdem</u> wir zum Sport **gegangen waren**, trafen wir uns in einem Café.

 Im **mündlichen Sprachgebrauch** wird das Plusquamperfekt häufig durch das Perfekt ersetzt. Bei **geschriebenen Texten** wird in der Schule jedoch die korrekte Verwendung des Plusquamperfekts verlangt.

Es gibt einige Signalwörter, die darauf hinweisen, dass man das Plusquamperfekt braucht:

<u>Nachdem</u> Cem Fußball **gespielt hatte,** war er außer Atem.

<u>Bevor</u> Susan das Haus verließ, **hatte** sie einen Kaffee **getrunken**.

➡ Siehe auch: Verb (S. 189 ff.)   Erzählen (S. 65 ff.)
              Inhaltsangabe (S. 95 ff.)   Berichten (S. 29 ff.)

Verb

Was ist das?

Mit Fug und Recht lässt sich sagen: Das Verb (Pl. Verben) ist der Global Player unter den Wortarten. Es gibt an, was ist, was geschieht oder was jemand tut. Kein Satz kommt ohne ein Verb aus! Das Alleinstellungsmerkmal dieses Tunworts (auch Tätigkeitswort oder Zeitwort genannt): Es kann konjugiert, also gebeugt werden.

Finite Verbformen

Wenn Verben konjugiert werden, bilden sie **Personalformen** (**finite** oder **gebeugte Formen**). Sie richten sich in **Person** und **Numerus** nach dem Subjekt des Satzes. Das bedeutet: Ihre Endung verändert sich je nach grammatischer **Person (1., 2., 3. Person)** im **Singular oder Plural**.

Finite Verben sind konjugiert.

Beispiel

Amira **geht** zur Apotheke.

Das Subjekt *Amira* steht in der **3. Person Singular**. Das Verb wird an das Subjekt angepasst, also konjugiert. Die konjugierte Verbform lautet *geht*.

Amira und Tobi **gehen** zur Apotheke.

Aufgrund des veränderten Subjekts (*Amira und Tobi*; **3. Person Plural**) muss auch die Verbform angepasst werden.

	Singular	Plural
Präsens (Gegenwartsform)	ich lerne, du lern**st**, er/sie/es lern**t**	wir lern**en**, ihr lern**t**, sie lern**en**
Präteritum (1. Vergangenheit)	ich lern**te**, du lern**test**, er/sie/es lern**te**	wir lern**ten**, ihr lern**tet**, sie lern**ten**
Imperativ (Befehlsform)	Lerne! Lern!	Lern**t**!

Hier z. B. eine Übersicht über die finiten Formen von „lernen".

Infinite Verbformen

Infinit sind Formen des Verbs, die nicht konjugiert werden.

Verben, die nicht konjugiert sind, nennt man **infinit**. Sie bleiben immer **unverändert**. Zu den infiniten Verbformen zählen der **Infinitiv** (Grundform), das **Partizip I** und das **Partizip II**. Der folgenden Tabelle können Sie einige Beispiele entnehmen.

	Verb	Beispielsätze
Infinitiv (Grundform)	lach**en**, lauf**en**, ermitteln	Da wird er **lachen**! Da werdet ihr **lachen**!
Partizip I (Mittelwort der Gegenwart)	lach**end**, lauf**end**, ermittelnd	**Lachend** kam er auf mich zu. **Lachend** kamen sie auf mich zu.
Partizip II (Mittelwort der Vergangenheit)	gelacht, **ge**laufen, ermittelt	Er hatte über mich **gelacht**. Ihr hattet über mich **gelacht**.

> ⬤ Im Wörterbuch steht übrigens immer der Infinitiv des Verbs. Um eine Verbform im Wörterbuch zu finden, muss Ihr Kind also den Infinitiv kennen oder ihn ableiten können:
>
> Er **sprang** auf mich zu. → Infinitiv: *springen*
>
> Wie habe ich **gelacht**! → *ge-lach-t* → Infinitiv: *lachen*

Regelmäßige und unregelmäßige Verben

Man unterscheidet im Deutschen zwischen regelmäßig und unregelmäßig gebildeten Verben. Der Unterschied zwischen den verschiedenen Verbtypen wird deutlich, wenn man die drei **Stammformen** betrachtet:

spielen	spiel**te**	**ge**spiel**t**	→	regelmäßig
kl**i**ngen	kl**a**ng	**ge**kl**u**ng**en**	→	unregelmäßig

regelmäßige / schwache Verben

Regelmäßige Verben – auch **schwache Verben genannt** – verändern ihren Stamm nicht, wenn man sie konjugiert. Im Präteritum wird an den Verbstamm die Silbe *-te* angehängt. Das Partizip II endet auf *-t* oder *-et*.

Unregelmäßige Verben (**starke Verben**) halten sich nicht an diese Regel. Bei ihnen kommt es zu einer Veränderung des Stamm-
vokals. Das Partizip II endet auf *-en*.

*unregelmäßige /
starke Verben*

 Üben Sie die Formen der unregelmäßigen Verben mit Ihrem Kind spie-
lerisch ein. Mit Reimpaaren gelingt dies am besten:

springen, sprang, gesprungen

singen, sang, gesungen

gelingen, gelang, gelungen

sinken, sank, gesunken

Sie können die Reime reihum sprechen, gemeinsam singen, rappen, wie
ein lustiges, feierliches, trauriges Gedicht aufsagen – ganz nach Lust
und Laune.

Eine Tabelle aller starken Verben finden Sie unter:

https://www.deutschplus.net/pages/Tabelle_starker_Verben

Eltern-Tipp

Es gibt noch eine dritte Verbgruppe, die sowohl Merkmale der
starken als auch der schwachen Verben aufweist: Wie bei den
starken Verben ändert sich ihr Stammvokal, wie bei den schwachen Verben enden sie im Präteritum auf *-te,* im Partizip II auf *-t.*

gemischte Verben

br**i**ngen	br**a**ch**te**	**ge**br**a**ch**t**
d**e**nken	d**a**ch**te**	**ge**d**a**ch**t**

Vollverben

Die meisten Verben im Deutschen sind Vollverben. Man erkennt
sie daran, dass sie **allein das Prädikat** (Satzaussage) eines Satzes
bilden können. Das heißt, dass sie dann das einzige Verb im Satz
sind:

Sonja geht in die Schule. Sie schreibt heute einen Grammatiktest.

Oft treten Vollverben in **Verbindung mit Hilfsverben** oder
Modalverben auf. Dann stehen sie in der Regel im Partizip II
oder im Infinitiv (siehe Hilfsverben).

Hilfsverben

Die drei Verben *haben, sein* und *werden* haben eine besondere Funktion als Helfer bei der **Bildung zusammengesetzter Tempusformen** (z. B. Perfekt oder Futur). Deshalb werden sie auch Hilfsverben genannt. Sie treten überwiegend in **Verbindung mit Vollverben** (z. B. *laufen, lernen, gehen*) auf.

Beispiel

| | Hilfsverb | Vollverb im Partizip II | | Hilfsverb | Vollverb im Partizip II |

Der Grammatiktest ist für Sonja gut gelaufen, denn sie hat gelernt.

| | Hilfsverb | Vollverb im Infinitiv |

Das nächste Mal wird sie wieder lernen.

Auch zur Bildung von Passivformen braucht man die Hilfsverben *werden* und *sein*.

| | Hilfsverb | Vollverb im Partizip II | Hilfsverb | Vollverb im Partizip II |

Der Test wurde gut benotet. Er ist bereits korrigiert.

Hilfsverben können jedoch auch als **Vollverben** auftreten. Das ist dann der Fall, wenn sie das einzige Verb im Satz sind.

Der Test hat viele Schwierigkeiten. Er wird sehr schwer.

Modalverben

Wollen, sollen, können, dürfen, müssen, mögen – auch diese Verben treten meistens in Verbindung mit infiniten Vollverben auf. Sie heißen **Modalverben**, weil sie den Aussagewert des Vollverbs modifizieren, also abwandeln.

| | Modalverb | Vollverb im Infinitiv |

Svea muss mehr lernen.

➠ Es ist notwendig bzw. ihre Pflicht.

Svea will mehr lernen.

➠   Es ist ihr Wunsch.

Svea soll mehr lernen.

➠   Es wird von ihr erwartet bzw. ihr vorgeschrieben.

Svea darf mehr lernen.

➠   Sie hat die Erlaubnis dazu.

➠ Siehe auch: Modus (S. 134 ff.)   Aktiv und Passiv (S. 9 ff.)
                      Tempus (S. 185 ff.)

Das Verb in einem Satz wirkt wie das Licht in einem Raum: Alle
Zusammenhänge werden dadurch erst deutlich und erkennbar!

Vokale

Was ist das?

Gesprochene Sprache besteht aus **Lauten**. Die Laute des Deutschen werden in **zwei Gruppen** eingeteilt: **Vokale** (Selbstlaute) und **Konsonanten** (Mitlaute).

Arten von Vokalen

Die **Vokale** der deutschen Sprache kann man wiederum in drei Gruppen einteilen:

- **einfache Vokale** (Monophthonge): Selbstlaute (*a, e, i, o, u*) und Umlaute (*ä, ö, ü*)
- **Doppelvokale:** *aa, ee, oo*
- **Doppellaute** (Diphthonge): *ai, ei, au, äu, eu*

Im Wörterbuch werden betonte lange Vokale durch einen untergesetzten Strich markiert, kurze Vokale durch einen Punkt.

Das Zusammenspiel der Vokale mit den **Konsonanten** (*b, c, d, f, g, h, j, k, l, m, n, p, q, r, s, t, v, w, x, y, z*) entscheidet über ihre Aussprache. Betonte Selbst- und Umlaute im Wortstamm können **lang oder kurz** ausgesprochen werden, z. B. *die R̲a̲te* (lang), *die R̩a̩tte* (kurz). Es gibt verschiedene Signale, die auf die Länge oder Kürze des Vokals hinweisen.

Lange Vokale: Schreibweisen

- **einfacher Vokal:** Dem Vokal folgt meistens nur ein Konsonant.
  die Flöte, der Weg, das Tal, haben, tragen, lesen, usw.

- **Vokal + h:** Das sogenannte **Dehnungs-h** steht häufig vor den Konsonanten **l, m, n, r**. Man schreibt es, hört es in der Aussprache aber nicht.
  fühlen, nehmen, wohnen, Bahn, Ähre

- **Silbenanfang mit h:** Bei manchen zweisilbigen Wörtern steht nach dem betonten, langen Vokal ein *h,* und zwar am **Anfang der zweiten Silbe:** *dre-hen, ge-hen, se-hen, ru-hig.* Dieses h hört man in manchen Wortformen nicht: *geht, dreht, sieht, ruht*

- **Doppelvokal:** Die **einfachen Vokale** *a, e* und *o* kommen in wenigen Wörtern **doppelt** vor. Diese Wörter sind **Merkwörter**, sie sollten auswendig gelernt werden.
  - ▸ **aa:** der Aal, das Haar, paar, das Paar, der Saal, die Saat, der Staat, die Waage u. a.
  - ▸ **ee:** die Beere, das Beet, die Fee, der Klee, das Meer, der Schnee, der/die See; Fremdwörter: Armee, Idee, Kaffee, Klischee, Tournee u. a.
  - ▸ **oo:** das Boot, doof, das Moor, das Moos, der Zoo u. a.

i, ä, ö, ü – diese Buchstaben gibt es nicht im Doppelpack!

Langes i

- Die **Schreibweise mit ie** ist die häufigste. Sie kommt in den meisten deutschen Wörtern vor.
  Liebe, siegen, verlieren, spazieren, Bier, viel
  Auch der lange *i*-Laut am Ende eines Wortes wird mit *-ie* geschrieben: Knie, Biologie, Ironie

- Die **Schreibweise mit einfachem i** liegt in folgenden Fällen vor:
  - ▸ in **wenigen deutschen Wörtern**
    mir, dir, der Liter, der Tiger, der Biber, der Igel, die Primel
  - ▸ in **allen Fremdwörtern mit der Endung -ine**
    die Maschine, die Praline, die Nektarine
  - ▸ in den meisten **anderen Fremdwörtern**
    das Klima, das Krokodil, die Mathematik, das Archiv, steril

- Die **Schreibweise i + h** kommt nur in einigen Pronomen vor, z. B.: ihr, ihm, ihn, ihnen, ihre

> **Verwechslungsgefahr** besteht bei den folgenden Wörtern, die vollkommen gleich ausgesprochen werden:

Schreibung mit i	Schreibung mit ie
das Lid (Teil des Auges)	*das Lied* (zum Singen)
die Mine (Kugelschreiber, Kern des Bleistifts; Bergwerk)	*die Miene* (Gesichtsausdruck)
der Stil (Kunstrichtung)	*der Stiel* (Pflanzenteil)
wider (gegen)	*wieder* (noch einmal)

Kurze Vokale: Schreibweisen

Wenn der **betonte Vokal** im Wort **kurz** gesprochen wird, folgen ihm meistens **mehrere Konsonanten**.

- **Konsonantenhäufung:** Nach einem betonten kurzen Vokal folgen fast immer **zwei oder mehr Konsonanten**. Beim deutlichen Sprechen kann man meistens beide Konsonanten gut erkennen.
  kalt, zünden, Funke, Schmerz

- **Konsonantenverdopplung:** Bei manchen Wörtern mit betontem kurzen Vokal hört man nur einen Konsonanten, beim Schreiben wird er aber verdoppelt.
  Ebbe, Widder, Koffer, Rigg, Brille, Sommer, Donner, Suppe, Irrtum, Wasser, Gewitter

Die Konsonanten c, h, q, v, w, x, y können in deutschen Wörtern nicht verdoppelt werden.

Statt *kk* und *zz* schreibt man in **deutschen Wörtern ck** und **tz.**
Acker, verstecken, Rock, zucken, Blitz, Matratze, Schutz

Lediglich in einigen **Fremdwörtern** kommen *kk* und *zz* vor.
Pizza, Skizze, Razzia, Mokka, Sakko

Eltern-Tipp ❯ Spielen Sie mal wieder! Mit Buchstabenspielen wie *Scrabble* und *Letra-Mix* können Sie mit Ihren Kindern Wortschatz und Rechtschreibkenntnisse erweitern.

Wortarten

Was ist das?

Der Wortschatz einer Sprache kann in Wortarten gegliedert werden. Im Deutschen gibt es **zehn verschiedene Wortarten**: Nomen, Artikel, Adjektiv, Pronomen und Verb sind flektierbare bzw. **veränderliche Wortarten**. Numerale, Adverb, Präposition, Konjunktion und Interjektion bilden zusammen die nicht flektierbaren bzw. **unveränderlichen Wortarten**.

Sie finden im Folgenden eine kurze Übersicht aller Wortarten. Ausführlichere Informationen zu einzelnen Wortarten liegen in eigenen Kapiteln vor.

Veränderliche Wortarten

Das **Verb** (Tätigkeitswort, Zeitwort) gilt als das dynamische Element der Sprache. Es gibt Auskunft über Tätigkeiten und Zeit. Verben sind veränderlich, sie werden konjugiert.

| ich **male** | du **malst** | sie **malt** | wir **malen** | sie **malen** |

Das **Nomen** (Substantiv, Namenwort) bezeichnet Lebewesen, konkrete Dinge und abstrakte Begriffe. Es wird gebeugt (dekliniert) und hat oft einen Artikel als Begleiter. Im Deutschen hat das Nomen ein besonderes Erkennungszeichen: Es wird großgeschrieben.

| Mann | Frau | Haus | Heimweh |

Der **Artikel** ist ein Begleiter des Nomens. Er hat im Deutschen drei Varianten: Maskulinum, Femininum, Neutrum (männlich, weiblich, sächlich). Sowohl der **bestimmte Artikel** (*der, die, das,* Plural *die*) als auch der **unbestimmte Artikel** (*ein, eine,* keine Pluralform) werden wie das Nomen dekliniert.

Das **Pronomen** (Fürwort) kann als Stellvertreter oder Begleiter des Nomens auftreten. Es gibt folgende Pronomen:

- Possessivpronomen (z. B. **mein**, **unser**)
- Demonstrativpronomen (z. B. **diese**)
- Relativpronomen (z. B. **welcher**, **der**)
- Reflexivpronomen (z. B. **sich**, **mich**)
- Interrogativpronomen (z. B. **wer**, **was**)
- Indefinitpronomen (z. B. **man**, **jemand**)

Das **Adjektiv** (Eigenschaftswort) beschreibt, wie etwas ist, und übernimmt oft ebenfalls die Rolle eines Begleiters von Nomen. Als Attribut bestimmt es Nomen näher und passt sich ihnen in Numerus (Zahl), Kasus (Fall) und Genus (Geschlecht) an:

Eine **neue** Sprache / einen **neuen** Dialekt zu lernen, ist **interessant**.

Das Adjektiv kann auch als Teil des Prädikats nach den Verben *sein* und *werden* stehen (im Beispiel: *ist interessant*). Dann ist es unveränderlich.

Unveränderliche Wortarten

Numerale sind Zahlwörter. Sie beschreiben die Anzahl, die Menge oder den Rang einer Sache. Man kann sie auch als Sonderfall des Adjektivs einordnen.

eins	zwei	drei	erster	zweiter	dritter

Aber auch:

alle	mehrere	paar	ein

Das **Adverb** (Umstandswort) gibt an, unter welchen Umständen etwas geschieht: *wann, wo, wie, warum?*

immer	da	so	deshalb

Die **Präposition** (Verhältniswort) stellt ein Verhältnis zwischen Wörtern her.

bei dem Frisör	**in** diesem Park	**wegen** des Sturmes	**auf** gut Glück	**bis** morgen

Konjunktionen (Bindewörter) können Wörter (*Äpfel und Birnen*) und Wortgruppen (*frisch und vom Bodensee*) miteinander verbinden. Auch die logische (z. B. kausale, temporale, konditionale) Verknüpfung von Sätzen wird mit Konjunktionen hergestellt:

Die Äpfel schmecken gut, **weil** sie frisch geerntet wurden.

Interjektionen sind unveränderbare kleine Wörter, die außerhalb oder sogar anstelle des Satzes stehen. Sie werden vor allem in der gesprochenen Sprache gebraucht.

ach	au	iih	psst	brr

> Was passiert, wenn dem Menschen Wortarten abhandenkommen, erzählt der Autor Hans Joachim Schädlich in seiner Geschichte *Der Sprachabschneider* auf sehr humorvolle Art und Weise.
> Eine Leseprobe finden Sie im Internet:
> *https://www.rowohlt.de/fm/131/Schaedlich_Sprachabschneider.pdf*

Alle Wörter im Deutschen müssen richtig gebildet, aufeinander abgestimmt und passend zusammengesetzt werden – man spricht auch oft vom Baukasten-Prinzip!

Zeichensetzung bei wörtlicher Rede

Was ist das?

In Texten wird das, was andere sagen, oft **Wort für Wort wiedergegeben**. Die wörtliche Rede wird dabei in Anführungszeichen („…") gesetzt und durch einen Begleitsatz mit Verben des Sprechens (z. B. *sagen, antworten, fragen*) ergänzt.

Für die Zeichensetzung zwischen wörtlicher Rede und Redebegleitsatz gelten besondere Regeln.

Drei Varianten der wörtlichen Rede

Der **Redebegleitsatz** kann an drei Stellen stehen: vor, nach und zwischen der wörtlichen Rede. Die wörtliche Rede selbst steht immer in **Anführungszeichen**. Zusätzlich müssen folgende Satzzeichen gesetzt werden:

1. **Bei einleitendem Redebegleitsatz:**
   - Doppelpunkt **vor** der wörtlichen Rede
   - Satzschlusszeichen (Punkt, Ausrufezeichen oder Fragezeichen) steht innerhalb der Anführungszeichen

     Anna sagte: „Grammatik fällt mir leicht."

     Sie fragte: „Verstehst du die Regeln?"

2. **Bei eingeschobenem Redebegleitsatz:**
   - Komma **vor und nach** dem Redebegleitsatz
   - **beide Teile** der wörtlichen Rede stehen in Anführungszeichen
   - Satzschlusszeichen (Punkt, Ausrufezeichen oder Fragezeichen) steht am Ende, innerhalb der Anführungszeichen

     „Grammatik", sagte Anna, „fällt mir leicht."

     „Tom", fragte sie, „verstehst du die Regeln?"

3. **Bei nachgestelltem Redebegleitsatz:**
   - Komma **vor** dem Redebegleitsatz
   - Satzschlusszeichen steht innerhalb der Anführungszeichen, wenn es sich um ein Fragezeichen oder ein Ausrufezeichen handelt.
   - **Achtung:** Bei Aussagesätzen **entfällt der Schlusspunkt** in der wörtlichen Rede!

   „Ich liebe Grammatik!", ruft Anna.

   „Verstehst du die Regeln?", fragt sie.

   „Sie sind ganz einfach", sagt Tom.

> Wörtliche Rede ist in vielen Aufsatzarten ein **wirksames Stilmittel.** Es trägt dazu bei, eine Erlebniserzählung anschaulich zu gestalten, Personen zu charakterisieren oder Berichte glaubwürdig zu machen. Aber: Verwendet man immer nur das Verb *sagen* mit der wörtlichen Rede, ist der Text langweilig! Deshalb streichen die meisten Deutschlehrer*innen die Wiederholung dieses Wortes als Stilfehler an. Es lohnt sich also, eine Liste mit Verben des Sprechens zusammenzustellen, z. B. in Form eines **ABC-dariums:**
>
> **A:** *antworten, auffordern, …*
>
> **B:** *befragen, begrüßen, …*
>
> **C:** *charakterisieren, …*
>
> **D:** *danken, darlegen, …*
>
> **E:** *erwidern, entgegnen, …*
>
> …
>
> **Z:** *zetern, zurufen, …*
>
> Ergänzen Sie mit Ihrem Kind die Liste und füllen Sie die Lücken!

Wörtliche Rede in literarischen Texten

Auch Schriftsteller und Dichter verwenden beim **Erzählen** wörtliche Rede, z. B. in Jugendbüchern, Kurzgeschichten, Romanen oder Balladen. Dabei nehmen sie sich oft die dichterische Freiheit, den Redebegleitsatz und manchmal sogar die Anführungszeichen wegzulassen. Als Leser muss man dann selbst erkennen, wer spricht und wo die wörtliche Rede aufhört bzw. beginnt.

Beispiel

Ein bißchen erschrocken fragte Mia: Kann ich Ihnen helfen, Herr Kannitzke? Etwas Besseres fiel ihr nicht ein.

Wenn ich nur wüßte, was in deinem Kopf vorgeht, sagt Mia und räumt das Geschirr ab, obwohl er die Tasse noch nicht leergetrunken hat.

Ich möchte den Kaffe (sic!) noch austrinken, sagt er.

Entschuldige, Jakob.

Macht nichts.

Aus: Peter Härtling, Jakob hinter der blauen Tür © 1983 Beltz & Gelberg in der Verlagsgruppe Beltz · Weinheim Basel

Dramatische Texte, also Theaterstücke und Hörspiele, bestehen fast nur aus wörtlicher Rede. Vor den Redebeiträgen steht der Name der sprechenden Figur oft in Großbuchstaben (Kapitälchen). Anführungszeichen fehlen ganz, aber auch der Doppelpunkt kann wegfallen.

Beispiel

DER BÜRGERMEISTER: *Gnädige Frau, meine lieben Güllener. Es sind jetzt fünfundvierzig Jahre her, daß Sie unser Städtchen verlassen haben, welches vom Kurfürsten Hasso dem Noblen gegründet, so freundlich zwischen dem Konradsweilerwald und der Niederung von Pückenried gebettet liegt.*

Aus: Friedrich Dürrenmatt, Der Besuch der alten Dame, Copyright © 1986 Diogenes Verlag AG Zürich

MARIA   *Fass dich!*
Sag an, was neu geschehen ist?

KENNEDY   *Sieh her!*
Dein Pult ist aufgebrochen, deine Schriften,
Dein einzger Schatz, den wir mit Müh gerettet,
Der letzte Rest von deinem Brautgeschmeide
Aus Frankreich ist in seiner Hand. Du hast nun
Nichts Königliches mehr, bist ganz beraubt.

Aus: Friedrich Schiller, Maria Stuart. 1. Aufzug, 2. Auftritt

Zitieren

Was ist das?

Beim **Zitieren** werden Teile eines anderen Textes (z. B. eines Romans, Interviews, Zeitungsartikels), aber auch mündliche Äußerungen fremder Personen (z. B. Politiker oder Stars) in den eigenen Text übernommen. Dabei muss man angeben, wo die fremden Aussagen herkommen (**Quellenangabe**). Man unterscheidet **direkte** (wörtliche) **Zitate**, die in Anführungszeichen gesetzt werden, und **indirekte Zitate**, bei denen die übernommenen fremden Textstellen in eigenen Worten zusammengefasst (paraphrasiert) werden.

Zitieren ist eine wichtige Technik des wissenschaftlichen und journalistischen Arbeitens.

Zitierregeln

Die **Grundregel** lautet: Der zitierte Originaltext darf in seiner Aussage nicht verändert werden. Bei direkten Zitaten muss er innerhalb der Anführungszeichen Buchstabe für Buchstabe übernommen werden, inklusive alter Schreibweisen oder Verstößen gegen Rechtschreib- und Grammatikregeln.

Ausnahmeregeln gibt es für den Fall, dass Zitate sich nicht in den Satzbau des eigenen Textes integrieren lassen. Dann gilt:

- **Auslassungen** werden mit [...] gekennzeichnet.

  Original: „Ich kenne die Zitierregeln, die für wissenschaftliche Arbeiten gelten, sehr gut."
  Zitat: Die Schülerin beteuerte, sie „kenne die Zitierregeln [...] sehr gut".

- **Kleine Änderungen** werden in eckige Klammern [Änderung] gesetzt, z. B. wenn das Zitat an den eigenen Satzbau angepasst werden muss oder klärende Zusätze erforderlich sind.

  Original: „Was die Quellen betrifft: Man soll nur vertrauenswürdige zitieren."
  Zitat: In den Empfehlungen für das Verfassen von Referaten und Facharbeiten steht, „**[m]**an soll**[e]** nur vertrauenswürdige **[Quellen]** zitieren".

Zitate ergeben nur dann einen Sinn, wenn sie mit dem eigenen Text verbunden sind. Durch **Verben des Sagens** (z. B. *meinen, behaupten, erwidern*) und **Denkens** (z. B. *denken, überlegen, erinnern*) kann der Schreibende dem Leser klarmachen, **welche Funktion das Zitat für seinen Gedankengang** hat.

Zeichensetzung beim Zitieren

➡ *siehe Kapitel „Zeichensetzung bei wörtlicher Rede" (S. 200 ff.)*

Für die Zeichensetzung beim Zitieren gelten dieselben Regeln wie für wörtliche Rede. Je nach Stellung des Zitats im kompletten Satz muss unterschieden werden:

1. **Der Satz endet mit einem Zitat:**
   - Satzschlusszeichen, die zum zitierten Satz gehören, bleiben innerhalb der Anführungszeichen erhalten.
   - Weitere Satzschlusszeichen werden nicht gesetzt.

   Die Menschen fragen: „Wird es bald einen Impfstoff geben?"
   Politiker fordern: „Investieren wir in die Forschung!"
   Wissenschaftler betonen: „Die Forschung läuft auf Hochtouren."

2. **Der Satz wird nach dem Zitat fortgeführt:**
   - Frage- und Ausrufezeichen am Ende des Zitats bleiben erhalten, der Schlusspunkt des Zitats entfällt.
   - Nach dem Anführungszeichen steht immer ein Komma.
   - Das Schlusszeichen des eigenen Satzes wird wie üblich gesetzt: Fragezeichen in Fragesätzen, Ausrufezeichen in Imperativsätzen, Punkt in Aussagesätzen.

   „Wird es bald einen Impfstoff geben?", das muss schnell geklärt werden!
   „Investieren wir in die Forschung!", fordern Politiker.
   „Die Forschung läuft auf Hochtouren", wer hat das behauptet?

Sonderfall: Zitat im Zitat

Manchmal zitiert man eine Äußerung, die selbst ein Zitat enthält. Solche **Zitate im Zitat** werden **in einfache Anführungszeichen** gesetzt: ‚ …'.

In einem Zeitungsartikel werden die Vorteile beleuchtet, die das Lesen von Büchern mit sich bringt: „Beim Lesen eignen sich die Kinder nicht nur

Wissen an, sondern sie lernen auch, neue Perspektiven einzunehmen. ‚Die Kinder entwickeln dadurch Empathiefähigkeit‘, sagt ein anerkannter Forscher. ‚Das Lesen trägt also auch zur Persönlichkeitsentwicklung bei.‘"

Quellenangaben

Zum korrekten Zitieren gehören nicht nur Anführungszeichen, sondern auch die **Angabe der Quelle, aus der das Zitat stammt.** Quellenangaben können im Fließtext hinter dem Zitat stehen oder als Fußnote am Ende der Seite bzw. des gesamten Textes (Endnote).

Arten von Quellen
Je nach Herkunft des Zitats unterscheidet man zwischen:
- **Primärquellen** oder Originalquellen, d. h. das Zitat stammt direkt aus dem Originaltext;
- **Sekundärquellen**, d. h. das Zitat wird aus einem Text übernommen, der die Aussage ebenfalls zitiert.

> Bei Zitaten aus **Sekundärquellen** ist Vorsicht angebracht: Wie bei dem Spiel *Stille Post* kann die **ursprüngliche Aussage** eventuell verfälscht und **aus dem Zusammenhang gerissen** werden.

Gepflogenheiten bei Quellenangaben

An Universitäten, aber auch an vielen Schulen, gibt es *Handreichungen zum korrekten Zitieren* in Referaten, Facharbeiten, Vorträgen, aber auch in Aufsätzen zu Texten (Interpretation, Sachtextanalyse usw.).

Eine Quellenangabe setzt sich üblicherweise so zusammen:
Name des Verfassers, Vorname: Werktitel. Untertitel. Band (bei mehrbändigen Werken), *Ort: Verlag, Auflage, Jahr des Druckes, Seite des Zitats.*

Beispiel Schillinger, Birgit: Deutsch-KOMPAKT. Rechtschreibung. München: Stark Verlag, 1. Auflage, 2020, S. 10.

> Die nötigen Informationen für eine **vollständige Quellenangabe** findet man im **Impressum** des zitierten Buchs oder der Zeitschrift. In **Schulaufsätzen** (z. B. zu Klassenlektüren, Gedichten, Kurzgeschichten oder Sachtexten) ist die Angabe der Quelle meist unnötig. Hier reicht es, nach dem Zitat die entsprechende **Seiten- und Zeilenzahl** bzw. den **Vers** in Klammern anzugeben: „Zitat" (S. 25, Z. 8–10). Der Schlusspunkt steht nach der Klammer, wenn am Ende des Zitats kein Satzzeichen steht.

Bei Informationen aus dem Internet gibt man die **Internetadresse/URL** an, außerdem das **Datum des Abrufs in Klammern**.
https://www.ndr.de/nachrichten/info/podcast4684.html (21.07.2020)

➠ Siehe auch: Zeichensetzung bei wörtlicher Rede (S. 200 ff.)

Bildnachweis